英语语言学与教学方法研究

顾金香◎著

吉林出版集团股份有限公司
全国百佳图书出版单位

图书在版编目（CIP）数据

英语语言学与教学方法研究 / 顾金香著. -- 长春：吉林出版集团股份有限公司, 2022.8
ISBN 978-7-5731-2092-2

Ⅰ.①英… Ⅱ.①顾… Ⅲ.①英语—语言学—研究②英语—教学研究 Ⅳ.① H31

中国版本图书馆 CIP 数据核字（2022）第 160607 号

英语语言学与教学方法研究
YINGYU YUYANXUE YU JIAOXUE FANGFA YANJIU

著　　者	顾金香
责任编辑	黄　群
封面设计	李　伟
开　　本	710mm×1000mm　　1/16
字　　数	180 千
印　　张	11.5
版　　次	2023 年 3 月第 1 版
印　　次	2023 年 3 月第 1 次印刷
印　　刷	天津和萱印刷有限公司

出　　版	吉林出版集团股份有限公司
发　　行	吉林出版集团股份有限公司
地　　址	吉林省长春市福祉大路 5788 号
邮　　编	130000
电　　话	0431-81629968
邮　　箱	11915286@qq.com
书　　号	ISBN 978-7-5731-2092-2
定　　价	69.00 元

版权所有　翻印必究

前　言

作为人与人之间交往的重要工具，语言可以有效增强人际间的沟通与交流，促进社会和谐。对于语言的研究历史悠久，但语言学却仍是生涩难懂，并未成为一门十分有实用价值的学科。近半个世纪以来，科技的快速发展使人际交往的重要性显著提升，语言学也顺应时代踏上了高速发展的新征程，知名度日益提升，从而让越来越多的人逐渐关注和理解这门学科。全球一体化的发展趋势让世界各国联系愈加频繁，其中英语在全球范围内发挥着重要作用。

在现代英语语言学中，人们愈发确信语言在当今社会的重要性，语言学的研究成果也使得语言学领域愈加丰富多彩，这促进了语言学知识方面的普及。英语语言学研究能够让人们更加深入地了解语言的本质，同时也极大地促进了英语教学方面的发展。作为一门基础课程，语言学在英语教学中一直被英语教学老师重点关注，而获得成功的关键所在正是教学方法。因此，深入开展英语语言学与教学方法研究，有着十分重要而现实的意义。

本书第一章内容为绪论，主要从两个方面进行介绍，分别为语言的定义与功能、语言的起源与发展；本书第二章内容为语言学综述，主要从三个方面进行介绍，第一节为语言学的概念与研究内容，第二节为语言学的分类、流派及发展，第三节为语言学与其他学科的关系；本书第三章内容为英语语言学的多维研究，主要从五个方面进行介绍，分别为英语语言学的语音学研究、英语语言学的词汇学研究、英语语言学的语法学研究、英语语言学的语义学研究、英语语言学的语用学研究；本书第四章内容为英语语言学教学概述，主要从三个方面进行介绍，分别为英语语言学教学的整体现状、英语语言学教学的理论基础、英语语言学教学的目标设定；本书第五章内容为英语语言学的教学方法研究，主要从三个方面进行介绍，第一节为英语语音、词汇和语法教学方法，第二节为英语听力和口语教学方法，第三节为英语阅读和写作教学方法。

在撰写本书的过程中，作者得到了许多专家学者的帮助和指导，参考了大量的学术文献，在此表示真诚的感谢。本书内容系统全面，论述条理清晰、深入浅出，但由于作者水平有限，书中难免会有疏漏之处，希望广大读者与同行及时指正。

顾金香

2022 年 3 月

目录

第一章 绪　　论 ··· 1
　　第一节　语言的定义与功能 ··· 1
　　第二节　语言的起源与发展 ·· 17

第二章 语言学综述 ··· 30
　　第一节　语言学的概念与研究内容 ·· 30
　　第二节　语言学的分类、流派及发展 ······································ 34
　　第三节　语言学与其他学科的关系 ·· 46

第三章 英语语言学的多维研究 ··· 50
　　第一节　英语语言学的语音学研究 ·· 50
　　第二节　英语语言学的词汇学研究 ·· 67
　　第三节　英语语言学的语法学研究 ·· 83
　　第四节　英语语言学的语义学研究 ·· 96
　　第五节　英语语言学的语用学研究 ······································· 101

第四章 英语语言学教学概述 ·· 106
　　第一节　英语语言学教学的整体现状 ···································· 106
　　第二节　英语语言学教学的理论基础 ···································· 110
　　第三节　英语语言学教学的目标设定 ···································· 116

第五章　英语语言学的教学方法研究……………………………………121
　　第一节　英语语音、词汇和语法教学方法……………………………121
　　第二节　英语听力和口语教学方法……………………………………143
　　第三节　英语阅读和写作教学方法……………………………………160

参考文献……………………………………………………………………172

第一章 绪 论

本章内容为绪论,主要介绍了定义与功能、语言的起源与发展。通过这两方面的内容,我们能对语言进行初步的了解,便于我们更好地理解语言学。

第一节 语言的定义与功能

人类的生活离不开语言,正是语言赋予了人类生活的"意义"。通过语言,人们可以不必亲自去完成某些行为。人类交往的过程表现为交际行为,语言正是存在于这一过程中。将某种特定行为完成作为目的并与具体交际行为一同出现,这就是语言的价值所在。人类所处的生存环境之上存在一个符号世界,而语言正是人类构建该世界的主要工具,在这个世界里人们有着空前的自由,并不会受到生存环境的束缚。

一、语言的定义

语言是人们进行言语交际的形式,是一种口头与文字相结合的交际工具,是人类认知世界及进行表述的过程与方式。

二、语言的本质

认清语言的本质,能够帮助我们更好地理解语言的定义,也有助于我们更好地知道语言的功能。在语言学史上,对语言的本质认识的飞跃也带来了语言学的革命和质的飞跃。语言的本质问题不仅是语言学中的中心问题,也是众多学科关注的焦点。因此,揭示语言的本质,既是语言学家的中心任务,也是哲学家、逻辑学家、社会学家、生物学家、心理学家等共同的任务。下面我们主要从语言与言语、语言与交际、语言与思维、语言与符号四个方面展开对语言的本质的讨论。

（一）语言与言语的区别与联系

要想认清语言的本质，首先要把语言和言语区别开来。我们平时所谈到的语言，一般都指言语，如"四美"是"心灵美、行为美、语言美、环境美"。这里的"语言"实际上指的是"言语"。言语就是说话，或者是说出来的话。例如，我们用汉语来说话（写作）的行为，或者用汉语说出来（写出来）的一句句的话，甚至是一个篇章、一部著作，都是言语。

在众多言语中将规则抽象概括出来便是语言，其支配着人们的言语或言语行为；而对语言的具体运用便是言语，语言存在于说话或所说的话之中。每个正常的人都会说话，话可以长，也可以短，想什么时候说就什么时候说，想说什么就说什么，但是语言毕竟是表达思想、交流思想的工具，人们所说的话必须得让别人听懂、看懂，不能乱说。也就是说，人们说话时选择什么材料、遵循什么规则，必须遵循社会习惯。语言是由词汇和语法构成的体系，说话必须要在这个体系内进行。

词汇即语言中词的总汇，如汉语词汇、英语词汇等。一种语言的词汇材料可能数量繁多，但常用的词汇可能要少得多，如常用汉语词汇大约有 3000 个，用这些词汇材料，大致就能满足日常说话的需要。语言离不开词汇，就像建筑离不开砖块、钢筋和水泥一样。但是光有建筑材料，也不一定能盖起房子来，还得按照一定的建筑规则把这些材料组装起来。词汇也是一样。例如，把"小王、星期天，赛、喜欢、足球、看"这些词语堆在一起，不仅不能准确地表达意思，也令人难以理解。词汇只有按照一定的规则组织起来，才能用于正常的交际，被人们所理解。

语言组织的规则称为语法，词汇材料按照规则组织就成了人们日常口中的话语。比如"小王、星期天、赛、喜欢，足球、看"这些词语，我们可以按照主语在谓语之前、动词在宾语之前、修饰语在中心语之前等语法规则将其组织起来："小王喜欢星期天看足球赛"。

当然，人类从古至今，所说的话，所造的句子，不计其数，我们要知道它们的组织规则必须对这些无穷无尽的话进行具体分析，然后就会发现，运用同一语言的人所使用的词汇材料和组织规则都是大致相同的。例如，汉语的组织规则从古到今基本都是按照"主—谓—宾"的语序进行的，如"齐师伐我""我们学习普通话""小王看足球赛"等。

这完全不同的几句话使用了完全相同的规则。换句话说，人们可以用已有的词汇和规则创造出无数的句子，前提是不能杜撰词汇，无视规则。

因此，语言和言语是不同的，语言是由词汇和语法构成的体系，言语要受词汇和语法这个体系的制约，言语受到语言规则的支配，语言同时离不开言语，言语之中又存在着语言。两者是互相依附而共存的，语言既是言语的工具也是产物。所以研究语言必须从观察言语入手，并从中概括抽象出大量的普遍的语言规律来。

（二）语言是交际工具

1. 语言是社会现象

（1）语言是社会约定俗成的

作为语言与意义的结合所在，语言中的声音与其代表的意义之间并没有必然的联系，而是社会约定俗成的。2000多年前，荀子在他的《正名篇》中曾指出："名无固宜，约之以命，约定俗成谓之宜，异于约则谓之不宜。"意思就是说，事物的名称没有本来就合适的，经人相袭相约习用，久而久之，就为社会所公认或使用罢了。

同样的意义在不同的语言中，可以用不同的声音表示出来。例如，"从云层中降向地面的水"这样一个意义，汉语用雨 [yǔ] 这样的声音来表示，英语用 rain[rein] 这样的声音来表示，日语却用雨 [あめ] 这样的声音来表示。正因为声音和意义之间没有必然的联系，所以世界上才有了如此多样的语言。同样的声音也可以表示不同的意义，如汉语中 [ma] 这个声音可以表示"马""码""玛""蚂"等意义，英语中的 band[bænd] 可以表示"带""乐队""价值""波段""结伙"等意义。因此马克思在《资本论》第一卷中写道："物的名称，是和物的性质完全没有关系的，我虽知此人名哲科布，但依然不知他是怎样的人。同样，英镑、台娄尔、佛郎、杜加这种货币的名称上，其实没有价值关系的一点痕迹。"[1]

语言和声音相结合的产物并非先天就存在，社会习惯决定了语言的成分，遵守着社会习惯才能生活在社会中。即使这般，语汇和语法仍然构成了语言。语言中的词汇和语法也是在漫长的社会发展中逐步确定下来的。

一言以蔽之，作为一种社会现象，丰富多样的语言是由社会约定俗成而一步

---

[1] 马克思. 资本论 [M]. 何小禾，编译. 重庆：重庆出版社，2014.

步形成的。

（2）语言与社会互相依存

21世纪以来，随着社会的不断发展，无论是在文字、词汇、语法，还是语音、语义方面，汉语的面貌都发生了非常大的变化，其中一个非常重要的原因就是社会的发展推动了语言的发展。其中，词汇和词义的发展是最明显的。旧事物的消失，新事物的出现等都会影响到词汇、词义的演变，如"马褂""顶戴""黄包车"等词随着旧事物的消失而消亡，而"宅男""剩女""房二代""高富帅"等是随着社会中新出现的事物而产生的新词。

语言对人类社会发展的促进作用不容忽视，人类之所以与其他动物不同，正是因为人类社会的基础是语言，语言可以用来传递和接受思想与感情，并对组织生产和生活和社会进步起到促进作用。没有语言，社会成员之间就无法交际，社会就会分崩离析，不复存在。

近年来，随着科学技术的不断发展，信息论、代码论、声学、生理解剖学等不断地应用于语言研究，并取得了巨大的成就，于是又有人开始提出语言是自然现象、语言是自然科学的说法。的确，语言除了具有社会属性之外，还具有一些物理、生理、心理等方面的自然属性。但是语言的任何自然属性都不是语言的本质属性。俄语中有舌尖颤音"p"，汉语中却没有；汉语中的声调有区别意义的作用，俄语中却没有起区别意义作用的声调。同样是"桌子"这个词，在法国人看来是阴性的，在俄国人看来是阳性的，而在中国人看来则无所谓阴阳。上述差别是由各个社会的集体习惯不同造成的，而与人的发音器官，与大脑的反应机能无关。因为现代解剖学的研究证明，人类发音器官的生理构造大体上是相同的。事实证明，一个在兽群中长大的孩子就不会说任何语言。而一个在莫斯科长大的中国人却可以把俄语说得跟俄罗斯人一样自然，一样好；同样，一个在北京长大的俄罗斯人也可以把汉语说得跟中国人一样自然，一样好。成年人在学习外语的过程中虽然不免要受已经养成的牢固的本族语言习惯的干扰，但经过经常的、反复的学习和运用，他仍然能够掌握好任何一种外语。这都是因为"语言是社会现象而不是自然现象的缘故。"[1]

同样，语言也不是个人现象，任何语言都是社会集体创造出来的，而不是

---

[1] 高名凯，石安石. 语言学概论[M]. 北京：中华书局，1963.

个人"表情达意的工具"。1850 到 1899 年间,世界上只存在"个人的语言",而民族语言是"科学的虚构",这一观点被众多西方语言学家赞同。其中德国的保罗甚至认为世界上每一个人的语言都是独一无二的,每个人都是"个人的语言"。显然,上述观点混淆了语言和言语的关系。诚然,语言存在于个人的言语之中,而每个人的言语都可能有他自己的特点,但这并不能说明语言是个人现象。作家为了一定的需要,写作时虽然较多地使用了方言、古语成分,甚至还临时创造了一些成分,但这并不是毫无限制、任意而为的,他不能随便违反公认的语言习惯。例如用汉语写作时,不能用"推四阻三""六颜五色""横八竖七",只能用"推三阻四""五颜六色""横七竖八";不能说"我字写""兴奋着他",只能说"我写字""使/叫/让他兴奋"。如果用错了,不但别人看不懂,还会成为别人的笑柄。当然我们不能抹杀个人在语言发展中起到的作用,历代著名的哲学家、思想家、文学家都对语言的发展做出过杰出的贡献,像我国的孔子、老子、屈原、司马迁、李白、杜甫、欧阳修、韩愈、曹雪芹、鲁迅等,都作为一个个的社会成员在人类语言的发展中起到了举足轻重的作用。

综上所述,语言既不是自然现象,也不是个人现象,而是社会现象。

(3)语言是特殊的社会现象

语言是一种特殊的社会现象。社会现象分为经济基础和上层建筑,其中经济基础为社会的经济结构,是指一定社会中形成的同生产力一定发展阶段相适应的占统治地位的生产关系的总和;上层建筑指建立在一定经济基础之上的社会意识形态以及相应的政治法律制度、组织和设施的总和。语言之所以特殊就是因为它不属于经济基础和上层建筑中的任何一种。语言不属于经济基础是显而易见的,也没有人把语言当作经济基础。但是曾经有不少专家学者把语言看成是社会的上层建筑。

因此,作为一种特殊的社会现象,不属于经济基础和上层建筑中的任何一种的语言同其他社会现象一样属于社会的产物并为社会服务。但作为社交和思维工具的语言,其为社会服务的方法和其他社会现象不尽相同。

2.语言是交际工具

(1)语言的交际过程

语言的交际过程就是说者、写者用语言代码对话语进行编码,把信息通过一定的信息通道发送给听者、读者，听者、读者再通过译码理解传来的信息的过程。这个过程看似复杂，实际上从发生到结束只是瞬间的事情。

（2）语言是人类最重要的交际工具

人类社会的交际并不仅仅靠语言，除此之外还有如文字、旗语、红绿灯、电报代码、数学符号、化学公式、烽火狼烟、手势表情等，这些都可以用来完成交际任务，自然也是交际工具。但这些工具与语言比起来，其重要性就差得远了。

这些在特殊社会领域使用的交际工具是在语言或文字的基础上产生的，其适用范围狭窄，表达意思也并不复杂。例如，红绿灯只表示简单的"禁止通行"或"停止通行"。复杂的意思根本无法用语言之外的这类工具来表达。

人们在运用语言进行交际的时候，往往会伴随一些体语，体语指非语言性的身体符号，包括目光与面部表情、身体运动与触摸、姿势与外貌、身体间的空间距离等。这些体语可以辅助语言更好地完成交际，如我国一些地区使用的中学教材有《荷花淀》一文，这篇文章中有这样一个细节，当水生告诉妻子说自己已第一个报名参军时，妻子低着头说："你总是很积极的。"水生嫂说出这样的话可以看出她深明大义，但"低着头"这一体语，却又让人看到了水生嫂内心的挣扎——支持却又不舍。有时候，离开了某些特定的伴随动作，语言的交际可能还会出现故障，甚至还不如非语言的交际手段。例如，鼓掌表示欢迎、挥手表示送别、伸舌表示惊讶等，在这种情况下，若用语言来表达，可能会显得很笨拙或者很尴尬，不能很好地完成交际任务。但要注意的是，这些手段不能完全代替语言，它们使用的范围毕竟有限，只能辅助语言来达到交际目的。说到底，它们都是在语言的基础上产生的，必须以语言的交际为基础，预先有了一定的了解，对方才能领悟。

总之，在各种交际工具当中，语言是人类最重要的交际工具，在社会生活中发挥着非常重要的作用，人们用它来进行交际，交流思想，以便在认知世界、改造世界的过程中协调相互间的行为，不断推动着人类社会向前发展。

（三）语言是思维工具

1. 思维的定义

思维是人脑对客观现实的反映，是认识现实世界时一种思考的过程，也指思考时进行比较、分析以及认识现实世界的能力。人的认识活动可以分为以下两个阶段：

一是感性认识阶段。人们在实践过程中，通过自己的感官（眼、耳、鼻、舌、身）直接接触客观外界，引起许多感觉，在头脑中有了许多印象，对各种事物的表面有了初步认识，这就是感性认识。感性认识是认识的初级阶段。这些意识活动都只能是表现出个别事物的具体事件、现象特征和本质属性。因为所有这些认识的活动都依赖于有关于具体的事物的表象作用，来自人自身的感觉器官，所以这种神经机能又叫形象思维。文学艺术创作过程中主要的思维方式就是形象思维，借助于形象反映生活，运用典型化和想象的方法，塑造艺术形象，表达作者的思想感情。

二是理性认识阶段。人们在认识活动中运用概念、判断、推理等思维形式，对客观现实进行间接的、概括的反映，就是理性认识。这个认识过程是在对事物的本质属性进行分析、综合、比较的基础上，抽取出事物的本质属性，过滤其非本质属性，使认识从感性的具体进入抽象的规定，形成概念。这种从本质属性上反映客观事物的神经机能叫抽象思维，也叫逻辑思维。

总而言之，这两类思维的进行必须有某种依托作为工具，或者须借助具体的形象，或者借助语言。一般把形象思维称为非语言思维，而把抽象思维称为语言思维。我们一般所说的思维指的就是这种抽象思维。对于掌握语言的人类来说，这两类思维经常交织在一起，并时常有侧重。例如，文学家和艺术家较多地使用形象思维，而哲学家、数学家经常用语言来思维，无论如何，语言在人类的认识过程中起着非常重要的作用。

2. 语言和思维的关系

（1）语言是思维存在的物质形式

在日常生活中，人们好像感觉不到思考的过程便可以脱口而出，但若是思考稍显复杂的问题，便可能感觉到内心自语的过程。人的思维，尤其是抽象思维离不开概念，而概念又无法单独固定，必须依附于一种真实存在的东西——语音，词语便是如此这般形成的。句子是在概念的基础上进行判断和推理，通过语言将该思维活动反映出来的。语言便是思维存在的物质形式，两者彼此需要、不可分离。作为思维的工具，正常人只要使用语言进行思考，即使不通过嘴巴说出来也是无法离开语言的。为了证明这一点，科学家做过这样一个实验：在受试者的下唇或者舌头上，实验人员给它们装上了电极，然后要求受试者做一道简单的算术题，一次用口算，一次用心算。最终实验结果显示：记录两种情况下言语器官动作的电流情况是一样的。这充分说明，沉思默想的人其实也在运用语言，也在"说话"，只不过说的是不轻易被发觉的不出声的话罢了。

（2）语言促进思维发展

婴幼儿在还未习得如何说话的时候也是拥有思维的，比如能将动植物的图片进行分类，只不过这些思维十分简单，其概况程度也极其有限，而在语言出现之后，思维便会以极其迅猛的速度发展。聋哑人也是一样，虽然能思维，并用手势把思维的结果（思想）表达出来，但由于不会语言，他的思维受到了明显的限制，很多抽象的概念无法准确地表达，我们经常看到聋哑人在和周围的人交流的时候，由于沟通上的障碍，双方都焦急的情形。而掌握了语言的人，他们的思维就不会受到这种限制，一些深邃的哲理也能表达出来。可以说，语言是人类最重要也是最有效的思维工具。

（3）语言和思维是孪生关系

经由神经生理学实验的证明可以得知，思维无法离开语言。研究证明，大脑左半球掌管与语言相关的抽象的、概括的思维，而右半球掌管不需要语言参与的感性直观思维。而语言也无法离开思维。交流思维的结果便是语言交际的主要内容，也就是所谓的思想。如果没有思维活动和思想，语言便失去了内容，语言其本身也就不存在了。而除人类之外的动物缺少逻辑思维的能力，这也是它们没有语言的根本原因。因此，语言和思维就像一对孪生兄弟，谁也离不开谁。这从儿童学说话的过程可以完全得到证明。儿童学说话、掌握语言的过程就是认识世界、思维发展的过程，二者是相辅相成、相互促进的。当他只会说"妈妈"一类的独词句的时候，他的思维还不够清晰，也就不能准确地表达出他的真实想法，到底是想让妈妈抱抱，还是想吃奶，或者是想尿尿……只有和他朝夕相处、熟悉他的人才能揣摩出他究竟想干什么。但是当他能说"妈妈抱抱"一类的双词句，或者能说"妈妈抱抱睡觉觉"一类完整的句子的时候，他的思维变得越来越缜密，抽象概括能力得到了有效的开发，并能够自由地按照他的思维方式思考问题。

（4）语言和思维不能完全等同

语言不等同于思维。两者之间的根本区别在于语言具有民族性质，而思维则不受民族性的限制。思维是脑的一种机能，这对于任何一位人类来说也是一样的。

也就是说，只要是拥有正常大脑机能的人类，无论他属于哪一民族，其大脑都能通过形象或是逻辑思维来对客观事物做出非直接性、归纳性的反映。思维可以无视语言的形式而产生联系，正因如此，人类的语言才会如此丰富多样；也正是因为全人类有共同的思维基础，各民族的语言之间才可以相互翻译。

语言既是交际工具，又是思维工具。这两方面是统一的，不可分割。脱离了思维，交流思维的结果（即思想）就无从谈起，交际也无法完成；脱离了交际需求，语言就不会产生，也就无法成为一种思维工具。

（四）语言是符号系统

1. 语言的符号性

所谓符号，便是由全体社会成员共同约定用来表示某种意义的记号或标记。如果 A 事物代表了 B 事物或被称作 B 事物，那 A 事物便是 B 事物的符号。一定的外在形式是该符号必备的特征，必须使人们能够看见、听见或是触摸到，即让人能够确定其是存在的。除此之外，符号必须拥有其存在的价值，也就是意义，没有任何意义的符号就等同于没有任何存在价值。十字路口的红绿灯，红灯亮了，行驶的汽车应当立即停下来，绿灯亮了，停下的汽车又可以前进了；有些学校的铃声不紧不慢地敲三下，表示下课时间到了，非常紧凑地敲三下，表示要上课了。禁止通行这种意义是由红灯这种形式来表示的，上课这种意义是由紧凑的铃声这种形式来表示的。所以符号是由形式和意义两部分构成的统一体，二者缺一不可。

现实生活中，到处都有使用符号的例子。符号的种类一般有三种：一种是视觉符号，如文字、手势、旗语、信号灯等；另一种是听觉符号，如汽笛、军号、铃声等；还有一种是触觉符号，如盲文等。所有这些符号都通过不同的形式来表达不同的内容。

符号和它所代表的事物之间的联系是社会约定的，并非自然形成的。司机看见红灯就停下来，并不是因为红灯天生就有禁行的本事，而是社会集体约定的红灯与禁行的联系罢了。

语言也是一种符号，因为它也能代表或指称现实现象。比方说话言中的词就是一种能代表或指称某一种现实现象的符号，我们一听到"人 [rén]"这个词就知道它指的是能制造和使用工具进行劳动，并能用语言进行思维的高等动物。所以"人"这个符号是由 [rén] 这个声音形式和"能制造和使用工具进行劳动，并能用语言进行思维的高等动物"这个意义结合而成的统一体。作为语言中最重要的语言符号，词是构成语言的基本单位。有词便有句，而我们想要表达的意思便能被准确表达出来。因此，语言的符号性在一般情况下是指词的语音形式与语义之间相互联系的性质。其中词的语音与语义间的联系也同其他符号相同，是由整个社会中的所有成员约定俗成的，是无法随意修改的。

语言具备了符号的所有特点，因此，语言是一种符号。

2.语言符号的任意性和线条性

和其他符号相比，语言符号拥有任意性和线条性的特点。

（1）语言符号的任意性

语言符号的任意性是指其语音和语义之间是由整个社会任意结合起来的，它们完全没有任何必然的、本质的联系。汉语中为什么把"能制造和使用工具进行劳动，并能用语言进行思维的高等动物"这样的意义和 [rén] 这个语音形式结合起来，这是没有什么道理可讲的，完全是社会的约定俗成。如果我们的祖先一开始没有把他们称呼为 [rén]，而是叫成了别的，也是完全可以的。

需要特别注意的是，语言符号的任意性仅为符号被创造时的情景而言。在符号创制完毕并被运用于人与人之间的交际领域之后，也就是当某语音形式与某语义结合起来表示某一特定现实现象之后，对于使用它的人来说就会产生强制性，对此，任何个人或是社会政治集团都不得任意更改，只能接受社会已经约定好了的符号。如果不经过再次的社会集体约定，而擅自变更已经制定好的符号，就必然会遭到社会的拒绝。例如，"人 [rén]"这个音和它所表示的意义之间已经形成了共同的约定，而有人非要把这个意义念成别的音，或者虽然念这个音，却表示其他的意义，这当然是社会所不允许的，必然会造成混乱，更无法达到交际目的。

（2）语言符号的线条性

符号的使用只能沿线性时间进行，符号只能依次出现是语言符号的线条性所在。而任意性则针对了单个符号的音与义之间的相互关系。符号的线条性使得语言符号能够依次出现并组合，结构因此不同。单个符号音义的结合不同于符号的组合，单个符号的音义结合是任意的，而符号的组合是有条件的、有理据的。例如，红花、红娘、红日等，都是由两个单个的符号组合而成的，"红""花""娘""日"都是音义任意结合的符号，而"红"和"花"能够组合在一起,"红"和"娘"能够组合在一起,却不是任意的,而是按照一定的规则组合起来的,是有道理可循的。简而言之,单个符号的音义结合是任意的,而符号和符号的组合就是固定的,也就是说依次出现的符号要遵守一定的规则。比如说"小明在打游戏"就不能说成"游戏在打小明"。这样,以任意性为基础的符号就处于有条件、有规则的联系之中,语言也就具有了可理解的性质。

3.语言符号的系统性

语言的符号看似分散,实际上却是一个有着规律性联系的系统,这系统极其严谨细密,拥有一定的组织和条理性。作为一个分层装置,语言需要组合和聚合,这是语言符号的系统性所在。我们先来看语言的分层情况。

(1) 语言的层级体系

要想表达无数的内容就必须有无数的句子,只有听话者能顺利知晓说话者想要表达的含义,交际任务才能完成。因此,语言必须有效果和有弹性,层级性就是首要特点。

语言的底层是一套音位和由音位组成的音节。音位是一个语音系统中能够区别意义的最小语音单位,如普通话的"毛"的音是 mao,"挠"的音是 nao,比较这两个音的区别,只有最前面的那个音有差异,"毛"是 /m/,"挠"是 /n/,/m/、/n/ 就是按语音的辨义作用归纳出来的音位。普通话共有 10 个元音音位,22 个辅音音位,4 个声调音位。语言的音位数目一般只有几十个,有限的音位却能组成众多音节,这些音节可以满足意义表达的需要,这就是语言符号的形式部分。

语言的上层是语音和语义的结合体,即符号和符号序列。这一层又可分为三级:第一级是语素,这是语言中最小的语音语义的结合体,如"书",是一个语素,它的语音形式是"shu",它的意义是"成本的著作","书"不能再分解成更小的有意义的单位了;第二级是由语素组合而构成的词,词是句子中最小的能够独立运用的语言单位,如"书本""书法"等;第三级是由词构成的句子,如"我喜欢书法课。"等。语素是符号,词和句子都是符号序列。语言系统的层级结构是:音位—语素—词—句子。

从音位到语素有质的飞跃,因为音位只能构成符号的形式,只有到了语素这一级才构成了形式和意义的统一体,所以从音位到语素是语言分层装置中最关键的结合部。

从这个层级结构也可看出，高层级的单位由低层级的单位组合而出，这种组合遵循了一定的规则。层级装置强大在可以少数组合为多数，每一级的数量都比上一级翻倍。上千的词素只需三四十个音位就可以组成，成千累万的词由这些词素组成，无数句子也因此可以被组成。语言层级装置的效能是：几十→成百上千→数以万计→无穷无尽。

语言之所以能成为人类最重要的交际工具，语言系统的这种灵活的层级装置是其中一个非常重要的原因。

（2）语言的组合关系和聚合关系

语言的层级结构是就语言系统的整体结构而言的，而每层级的结构单位都是靠组合关系和聚合关系来运行的。

词与词的组合方式是顺着线性时间依次出现的。例如，"我""打""球"这三个词，可以按照时间的线条一个接着一个依次说出来，组成"我打球"这样的一句话。同时，语言链条上由符号组成的每一个环节都可以卸下来，换成另一个环节，组成新的链条。同样还是"我打球"这句话，"我"可以卸下来换成"你""他""小王""大家"等，"打"可以卸下来换成"吃""拿""看""研究"等，"球"可以换成"西红柿""工资""画报""课题"等。上述的词与词的组合和替换如图 1-1-1 所示。

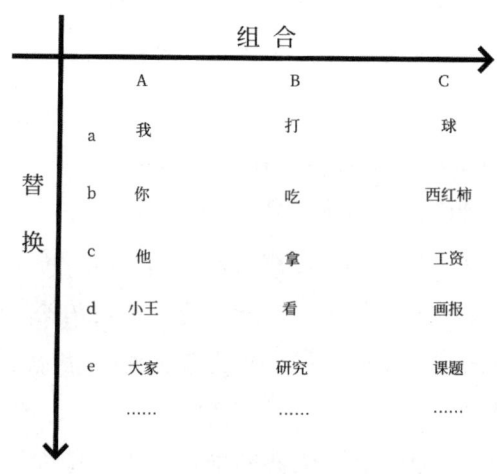

	A	B	C
a	我	打	球
b	你	吃	西红柿
c	他	拿	工资
d	小王	看	画报
e	大家	研究	课题
	……	……	……

（横轴：组合；纵轴：替换）

图 1-1-1　词与词的组合和替换

既能和别的符号组合又能被别的符号替换，这种关系被称作组合关系。从上图可以看出，在这个类似于十字坐标的图形中，a、b、c、d、e五个句子中的每一个词都按照先后顺序依次出现，各自形成横向的组合关系，如 b"你吃西红柿"、e"大家研究课题"等。符号与符号的组合关系不同，整个组合的性质就不同。例如，"小王"和"看"两个符号可以组成"小王看"，也可以组成"看小王"，前者是主谓关系，后者是动宾关系。

组合关系中的任何一个符号都能互相替换，这些符号既有相同作用，可以自然聚集形成聚合关系。如图 1-1-1 所示，a 句中的"我"可以用"你""他""小王""大家"等来替换，"我、你、他、小王、大家"就形成一种聚合关系。这样 a、b、c、d、e 这五个句子的各个组成部分都能被相互替换，可以分别形成"我、你、他、小王、大家"，"打、吃、拿、看、研究"，"球、西红柿、工资、画报、课题"三个纵向的聚合关系。替换以后各个语言单位按照组合关系将形成新的语言符号链条，即新的句子。在同一位置上能进行相互替换的语言单位具有相同的语法功能，可以将它们归为一类，比如说 a、b、c、d、e 这五个句子，处在主语位置的"我、你、他、小王、大家"和宾语位置的"球、西红柿、工资、画报、课题"可以归为一类，称为名词；将处在谓语位置的"打、吃、拿、看、研究"归为一类，称为动词。根据这样的组合关系和聚合关系，我们大致就能分析语句的语法结构了。

三、语言的功能

语言通过语音、文字等自身的符号系统赋予外部世界以意义。世界上的语言数量极多，即使是相同的事物或事件在不同的文化背景下也会引发不同的感受。语言在心理学和社会学两个方面上都拥有一定的功能，以下将对其功能进行阐述：

（一）心理学功能

人们与客观世界进行沟通正是语言的心理学功能所在，这是人们对外部世界进行认知的心理过程，是内因且主观的。它可以细分为命名功能、陈述功能、表达功能、认知功能和建模功能等。

1. 命名功能

语言被用来标识事物或事件便是命名功能，对个人体验赋予名称是人类本身拥有的强烈心理诉求，这种诉求中含有重大的意义。绝大多数的儿童对于生词的掌握有一种迫切需求，掌握鉴别事物符号的重要性便可以从中得出。实际上，只有当事物符号的鉴别方法被掌握之后，人们才能够算是掌握该事物。

在极其遥远的过去，那时语言还并没有出现在人类的生活之中，人类对于世间万物皆有不同的印象，这让人们察觉到了其中的差异，而正是通过这种差异，人们识别不同印象来分辨不同事物，却无法将其表达出来。在那个时候，人类的脑子里仅有一些涉及某些事物的概念存在，这种概念极其简单，然而数量到达一定程度时仍会引起混乱。例如，人们第一次目睹飞鹰的时候，只知道它可以在天空中飞得很快，却不知道它是何种存在，甚至不知道"飞翔"是什么意思，能做的也只在脑子里记住它；当人们第一次看见草莓时，也不知道那是什么，但能感觉到它与之前看到的事物之间存在着一定的差异，此时能做的也只有记住形象；而随着脑子里所记的形象越来越多，其中皆是无法唤出名称的事物，在这个时候，人们的记忆难以避免地出现了混乱。在这种情况下，人们便产生了通过命名事物来进行区别的客观需要，紧接着一些名称便一个个出现。随着时间的推移和一代代的传承，语言经由诞生之初不断地发展和完善，为事物命名和赋予意义的需要渐渐得以解决，这促进了人类记忆力的提高，同时人类的智力也得到了进一步的发展。

2. 陈述功能

人们运用语言将不同事物或事件之间的关系进行说明，这便是语言的陈述功能。在历史长河之中，人类文明和社会发展的速度愈来愈快，语言仅有的命名功能愈发无法满足人与人之间交往的需求。在现实生活中，人、事、物之间总是拥有并发生着各种隐含或外显的关系，在人际交往过程中将这些关系表达出来也成为人们的需求。存在需求便需要解决，人们开始使用主谓句式或者"话题—评述"的功能语法结构等来将事物之间的联系进行表述，单个命题应运而生。然而单个命题并无法满足人们在日常交流中的需要，若干命题便被创造而出形成了篇章。从此之后，人们对于表达复杂命题愈发熟练。

3. 表达功能

人们运用语言表达自身的主观感受便是表达功能的含义，其形式可以是词语、短语以及完成的句子。人们往往对事物拥有一定的强烈反应，这就是生活中人们普遍存在的喜、怒、哀、乐等情感的表达。除此之外，人们不断研究词语结构、韵律和语篇框架等形式也可以体现出语言的表达功能，比如诗集、散文或是演讲词，人们借此将内心的情感具体显化出来。

4. 认知功能

语言是思考的媒介，认知功能是语言最重要的功能。人类通过语言进行思维，也就是说语言是人类思维活动进行的载体。这世间所有思维都无法离开语言，不论是复杂的，或是精密的，或是抽象的。思维具有层次，除了起初的思维层次之外，抽象、推理、判断、分析、比较、概括等更为高层次的思维形式也需要借助语言来实现，这促进了人类大脑的发展，同时促使人类社会的物质文明和精神文明愈加丰富和璀璨。

5. 建模功能

借助语言来构建和反映客观事实的认知图式便是语言的建模功能。时代变迁下，人类认知能力和语言表达能力不断到达新高度，语言文化也随之不断发展，词语开始成为一种可以提供观察世界的图式结构存在，人类所有的词语符号系统逐渐成为对客观世界的反映模型。在这个模型之中，词语并非是单一层次的，其中当代语言学称层次在下的词为"下义词"，反之为"上义词"，两者是相对而言的。处于上层的词语所指宽泛，层次越往下，词语所指便越具体。随着时代发展，新事物层出不穷，曾经的上义词也可以变成下义词。语言的建模功能促进了人类认识客观世界，同时提升了人类的语言能力，进一步增强了人类对于自身所处主观世界的认知能力。

（二）社会学功能

所谓语言的社会学功能是指语言被用作进行人际沟通的手段。它是人们进行沟通的心理过程，体现的是语言的交际功能，是外显性的、交互性的。社会学功能可以细分为人际功能、信息功能、祈使功能、述行功能、煽情功能等。

1. 人际功能

人际交往过程中，人们使用该语言来维持或是改善人际关系，这便是语言的人际功能。为了维持或改善人际关系，人们在不同场合、不同身份下会使用不同的用语规范，其中包括了礼仪用语、正式用语和非正式用语等。这种方法会让人们更容易获得他人好感，且有利于彰显自身身份及地位。例如，权高位重的人会在与地位低于他们的人交谈时呈现出平易近人的语气，而讨好者则会刻意卑躬屈膝，语言学家认为这些现象属于人类对语言人际功能的过度运用。一般情况下，人们之间的交谈只是出于单纯的维持交往和亲密的需求。例如，宴会时人们之间的谈话中几乎不存在过度的夸张运用，人们平时闲聊琐碎小事的目的也仅仅是为了营造惬意舒适的交际氛围。在诸如此类的场合之中，人们之间的交流几乎都属于客套话之类。

2. 信息功能

人类利用语言来使信息得以传递的手段被称作信息功能。通常情况下，人与人之间交流的目的皆为将某种信息传递出去，这便是语言的信息功能在发挥作用。然而值得特别注意的是，信息传递者传递出去的信息与信息接收者已有的信息结构必须是相匹配的，否则所传递出去的信息便无法被信息接收者正常接受。学校里的授课便很好地诠释了这一点，老师对学生传递的知识信息必须建立在学生已有的知识结构基础之上，否则学生便无法对知识完全接受，"因材施教"之所以无比重要便是这个道理。除教学内容之外，教学语言随着教学对象的变化而变化也是应该注意的一点。

3. 祈使功能

将语言用于发布指令时，语言的祈使功能便显现了出来。在日常人际交流之中，人们会在彼此之间进行警告劝诫、指示工作以及提出请求，在这种情况下所使用的的句型则为祈使句。举个例子，母亲提醒即将迟到的儿子快一点会使用"Be quick or you'll be late！"（动作快点，不然你要迟到了！）诸如此类的例子数不胜数，当语言发挥祈使功能的时候，人类的行为举止就会受到其影响。

4. 述行功能

人类通过语言来将行为或是事件进行正式公布的手段被称作语言的叙行功能，它并非简单地将其叙述出来，而是采用正式规范的词语及句式，通过代表权威机构或组织的权威人士来将与听话人关系密切的内容讲述出来。例如，婚礼上神父或牧师向新婚夫妇及众人宣告："I pronounce you man and wife."（我宣布你们结为夫妻。）

5. 煽情功能

语言还常被用作感情的渲染，在这种情况下语言展现了其煽情功能。不仅是日常生活中，在人类社会中众多情景之下，人们需要通过语言来叩开听话者的内心之门并以此影响听话者的情绪。要想尽可能达到煽情的目的，将所使用词语的内涵意义或是联想意义进行丰富化是绝佳方法。例如，战前将军的语言可以大大鼓舞战士们的士气而使他们奋勇杀敌；演说家的语言可以带动群众的情绪使其信任自己；广告中的语言可以极大地吸引消费者的注意并引起消费欲望；高考动员大会上的语言可以激励学生们奋力学习。从这些例子可以看出，只要使用了恰当的词语，说话者便可以有效地影响听话者的情绪，而该情绪的影响范围是没有任何限制的。

值得特别注意的是，语言的这五种社会学功能并非独立存在而运作的，在具体运用时，人类的语言常常会同时涉及若干功能，而并非单一功能。当然，这些功能只是占比不同，它们之间是互相联系的。

第二节　语言的起源与发展

一、语言的起源

（一）神授说

在极其遥远的过去，古时的人类学者便对语言的起源产生了疑问，然而不同学者的角度不同，对该疑问的理解也就不尽相同。以下是对于一些语言起源假说的阐述：

古时候的人类社会生产力和科学技术远没有如今发达，在那个落后的年代，人们总是将语言的起源解释为神授。

腓尼基人认为卡德摩斯（Cadmus）是字母的创始人。北欧人认为奥丁神（Odin）是如尼文（Rune）的创始人。在《旧约·创世纪》中有着最完整的神创纪录。

关于巴别塔（Tower of Babel）的传说在《创世纪》中有着记载，传说人类在很久以前仅有一种语言，全世界的人们使用这种语言进行交流，建造了一座高塔名为巴别塔。巴别塔极高，甚至可以触碰到天堂，上帝因此察觉到了威胁，便将人类的语言体系混乱，并将人类四散分开到世界各地。四处分散且语言不通，巴别塔的建造也随之中止了。

基于这个传说来看，人类世界的语言同出一源，却在神的干预下分裂开来，人与人之间无法进行沟通和交流。从这一点可以得出，语言作为社区的黏合剂存在，语言一旦分化，社区也会分化。

语言学家否定了以上假说。结合地理学来看，智人在地球上的分布无法为语言同源说提供有效的物证。而关于巴别塔建造中止是因为人类因语言不通的因果关系，也因为洋泾浜语言的出现而被否定了。

（二）拟声说

旧时有很多关于语言起源的拟声说理论，下面就来介绍几种较为著名的理论，包括"汪汪"理论以及"哟嗨哟"理论。

1."汪汪"理论

"汪汪"理论认为语言是通过人类不断模仿自然界里各种声音而产生的。例如，原始人听到海的声音，可能模仿海的声音说"哗哗"；听到布谷鸟的鸣叫，可能模仿布谷鸟的声音说"布谷"；听到风的声音，可能模仿风的声音说"呼呼"。诸如此类的对声音的模仿和运用在漫长时间里大量重复而最终确定，真实的自然界声音被逐渐替代，并抽象化成为该声音的指代名称，最终成为发出该声音的自然现象或动物的名字。

直至今日，人类的语言中仍有一些模拟自然界声音的词汇名为拟声词，这成为"汪汪"理论的极佳证明。然而该理论存在着极为明显的缺陷，具体表现如下：

第一，当今世界上任何一种语言，拟声词的占比均极低，而占据绝大比例的非拟声词的来源，显然无法从"汪汪"理论中获得答案。

第二，众所周知自然界的声音是固定不变的，然而不同语言中对相同自然界声音的模拟不尽相同甚至大相径庭，其演化出来的拟声词也有极大差异，这一点也无法从"汪汪"理论中获取答案。事实上，绝大多数拟声词都是一方面模拟自然界的声音，另一方面参照某种语言的声音系统所规定的声音组合模式而产生的。

2. "哟嗨哟"理论

"哟嗨哟"理论认为语言是古人类在猎食、制造工具、搭建住所等劳动的过程中逐渐产生的。例如，在猎杀动物时说"刺"和"砸"，在制造工具时说"磨"，在搭建住所时"拉"等。在这个过程中，人类的发声器官在不断进化，这极大地促进了大脑的进化，从而使语言迅速发展形成。恩格斯曾推测说古代人最早使用语言传递信息时类似于劳动时的吆喝号子，人们在这种情况下所喊 yo-he-ho（类似汉语的"嗨哟、嗨哟"）的号子富含韵律，这一特征使得人们在共同劳动施力时可以调谐步调和力量。

运用节奏是使用语言的方法之一，然而这种方法和现代用法之间有着极其明显的不同，所以该理论仅能算是一种推测。

通过这些不难发现，语言起源众说纷纭，目前并没有统一定论。但现在有一个事实可以确定，即人类在进化和发展社会的过程中创造了语言，语言也在历史、社会与文化环境的发展变化下不断演化。

（三）拟像说

拟像说是指人类语言的起源是对体态语相似的模仿，这是根据语言与人类发音器官在发音时的形状有关。

在体态语中，使用脸部、肢体作为非语言交际的方式在现代交际中也经常可见，同时也成了一种重要的交际策略。一些研究者认为英语中 goodbye 模仿的是道别时人挥动手的形态，汉语中的"鱼"的发音模仿的是鱼儿饮水的形态。

（四）进化说

古罗马的哲学家认为，野人的特征是四足、无语、有毛，并且认为只有直立的人才能产生语言。

由于直立的状态，人体发生了一定的进化，从而有利于语言的产生。

其一，人的口腔和喉咙能够形成直角的形状，同时喉咙在地心引力的作用下，位置下移。

其二，人类的牙齿为垂直状，高度比较平均。

其三，人类的舌头和双唇的肌肉灵活度高。

其四，人类的嘴巴较小，能够实现快速闭合。

这些进化后的发音器官有助于人类在发音时控制气流，产生清晰的语音。

语言起源和复杂工具的发明之间的联系也被一些学者所看重，因为进化后的人类通过双足行走，被解放出来的双手可以用来制造工具。在制造工具的过程中人类大脑的发育得到了极大的促进。现代脑科学认为，人类大脑中的左半脑具有分析的能力，该能力也对语言产生和工具使用起到了促进作用。

不仅如此，进化说还认为人类掌控火焰之后，对于寒冷的抵抗能力得到了极大增强，人类寿命也随之大幅延长，人口数量快速增长。这使得人类开始分散，不同地区生存的人类逐步形成不同部落。而不同部落之间有着沟通与交流的需求，要想满足这一需求就必须存在一种各部落都能接受识别的系统，具有符号性质的语言满足该需求，于是语言应运而生。

进化说的这些观点中都拥有一定的合理性和可信性，却皆是对外在条件的解释，关于语言起源的本质并没有给出答案。

（五）现代人类学家的假说

语言是生物进化的一种具有客观性与去神性的现象，现代人类学家认为不同生物有着不同功能，语言就是人类所具有的一种功能。

人类语言的使用属于认知的范畴，是一种符号的使用。语言符号的使用需要人类心智的发挥。一般来说，人类学家认为人类心智的形成可以分为以下几个阶段：

第一阶段，简单生物反射阶段。

第二阶段，条件反射阶段。

第三阶段，工具阶段。

第四阶段，符号阶段。

众所周知，黑猩猩和人类的基因相似度极高，然而即便对黑猩猩进行长期的语言训练，黑猩猩也无法掌握语言。这是因为黑猩猩的心智仅能进入"工具阶段"，无法进入"符号阶段"，这便意味着其不具备使用语言的能力。以上这些语言假说体现了语言起源涉及多个学科和领域，说明该问题极为复杂，但人类社会仍在不断发展，相信在未来会出现更加完美的答案。

二、语言发展的原因及特点

(一)语言发展的原因

有两种因素影响着语言的发展变化:一是外部因素,即语言发展的社会因素;二是内部因素,即语言内部各要素的相互影响。社会发展变化是语言发展变化的原动力,是语言发展的基本条件;语言内部诸要素的相互制约决定着语言的具体发展情况。

1. 外部因素

语言发展的外部因素即是社会因素。语言是人类社会的产物,也是人类最重要的交际工具,社会之外再无语言,因此,语言和人类社会的发展息息相关。人类社会从低级到高级,从简单到复杂,从落后到先进的发展过程,都会推动着语言不断向前发展;社会的分化和统一也常常会引起语言的分化和统一;社会间的相互接触也是推进语言发展的一大动力。所以,要想了解语言的发展,必须要关注社会发展的方方面面对语言造成的影响。

(1) 社会的进步推动语言的发展

随着时间洪流的不断推进,人类社会的发展走上了高速公路,人类生活中的方方面面产生了巨大变化,新事物和新概念层出不穷,人类的思维能力得到了提升,若语言不随之调整,词汇不随之丰富,语法不随之改进,就无法满足社会中人际交往的需要。人类社会中各行各业日新月异,高速发展的背后必须伴随着新词新语的充实,否则工作中词汇的需要将无法得到满足。

社会的发展对词汇的发展影响最大。太古时期,人们的社会生活极为简单,所以,任何语言中的词汇都极为贫乏,语言中仅有的一些词语几乎是每个社会成员都经常用到的。由此可见,那个时期的词汇中肯定还没有各行各业的行业词(那时候还没有各行各业),也没有来自科学术语的词(那时候还没有科技),甚至也没有来自古典文献的古语词(那时候还没有文字,更没有文献)等。人类的社会生活随着时间而愈加进步,词汇便是跟随这一过程而逐渐丰富起来的。社会在不断发展进步,人类的思维随之愈加缜密精细,语法也在不断完善。

(2) 社会的分化和统一推动语言的发展

社会在发展过程中,往往会出现分化和统一的现象。社会的分化和统一常常伴随着语言的分化和统一。

三国演义中记载："天下大势，分久必合，合久必分。"曾经完整统一的社会可能会因为封建割据、外族入侵、人口迁移等原因而分化开来，形成几个相对独立的区域。区域一旦形成，虽有所往来，但远没有当初完整统一时交往频繁，此时语言会慢慢出现差异，原本统一的语言会随着时间在不同区域形成不同变体，也就是所谓的地域方言。即使在同一区域生活的居民也会存在社会因素上的差异，如年龄、性别、职业、文化程度、阶级等。这些社会因素上的不同会导致小社团的语言产生差异，即社会方言。如果一个社会因各种原因分裂成独立社会，那么即使该社会曾经多么完整统一，原本统一的语言也会产生独立方言，且这种独立性会随着独立社会各自的发展道路而大大加强，它们各自按照自己的道路发展下去，彼此间的联系也大大减少，时间久了，就会形成独立的语言。

社会分化会导致语言分化，同理，社会统一也会导致语言统一。如果各个独立社会之间存在严重的方言分歧，那么社会交际便会被严重阻碍，同样不利于社会的完全统一或统一的巩固。以此来看，语言统一会是大势所趋。社会政治、经济、文化生活等的接近和统一是语言走向统一的前提，"共同语""民族交际语""世界通用语"等都是语言统一的形式和结果。

社会的分化和统一是一个十分复杂的现象，分化和统一有时候往往会交织在一起，甚至同时发生，因此语言的分化和统一情况也很复杂。

（3）社会间的相互接触推动语言的发展

在整个人类社会的发展过程中，各个社会间总免不了这样或者那样的接触，如民族间的贸易往来、文化交流、移民杂居，甚至战争征服等，每一种形式的接触都会或多或少地对语言造成不小的影响。在最早的地质时代，不同社会之间的接触远比当今要少，一个社会仅会与距离接近的社会产生接触。社会交往的频繁程度和社会各领域的发达程度呈正比关系，一个社会若越发达强大，其交往的区域就越广，语言之间产生的相互影响也就越大。随着不同社会之间的相互接触，不同语言之间也会存在一些影响，其中最常见的一种形式便是吸收对方语言中的一些成分。现在所使用的每一种现代语言，在历史上几乎都和其他许多语言发生过而且正在发生着不同情况的接触，吸收了一些外语的成分，同时又影响着其他语言，如英语和法语，英国在11世纪曾被法国所征服，在这期间英语受法语的影响最大。后随着英国工业革命的完成，英国成为资本主义和帝国主义的强国，英语的影响逐渐也扩大开来。现代俄语也给其他许多语言以影响。例如，英语的"Soviet"，借自俄语的"CoBéT"（苏维埃）；而俄语也受到其他语言的影响，苏联 1954 年出版的俄语《外来语词典》就约有 2 万个词，还有许多外来词没有收进去。

一种语言受其他语言影响的情况，基本上和说这种语言的民族与外族接触的历史相一致。阿尔巴尼亚在历史上曾先后受到罗马人、土耳其人、意大利人的长期统治，因此阿尔巴尼亚语受各种外语的影响很大，拉丁语、土耳其语、意大利语中的很多词语都被吸收进来，就连基本词汇都有很大的变动。

社会发展使不同社会之间的交往愈加频繁密切，不同社会之间语言的影响也愈来愈大，其中会出现两种重要的现象——语言融合和语言混合。在民族接触或融合过程中，往往会有一种语言战胜其他语言，成为各民族之间的共同交际工具，这就是语言的融合。社会间的相互接触对语言的影响还会出现其他情况，一种是在长期的混合使用中，一种语言或几种语言进入某一语言的语音和语义系统内，形成比较稳定的体系，如克里奥尔语就是由英语、法语等同中美洲、中非洲的当地语言混合而成的，这就是语言的混合。语言的混合还有一种情况，就是只在一定时期暂时的或者只是某些因素的临时结合，这种混合不成体系，也不稳固，如地中海沿岸的萨比尔语是法语、西班牙语、希腊语、阿拉伯语和意大利语的混合。

（4）思维的发展推动语言的发展

人类大脑中对客观现实的反映被称作思维，当社会逐步发展时，人类的思维也会随之发展，同时语言的发展也会因此受到一定的促进。语法就是在思维发展对语言发展影响最大的显现。在人类思维进行长期大量的抽象化工作后，思维的精密程度得到极大的促进，同时也促使语法得到了进一步的完善。殷商时代的甲骨卜辞中，人称代词还不完备，数词没有基数、序数的区别，介词连词很少，所有这些都与当时人们思维的简单朴素有很大的关系。

语义的发展也受到了思维发展的重大影响。例如，语义的概括程度和人类思维的概括程度相同，都是由低到高逐步发展而来的。通常情况下，各领域越是发达的民族，其语言中词义概括程度就越高；而越是落后的民族，其语言中抽象词语的占比就越低。

总之，社会发展对语言的影响是方方面面的，影响的程度也很深。不过，社会只是对语言的发展提出要求，进而推动语言的发展，社会只是要求更丰富的词汇、更精密的语法，并只为它们提供语言分化、统一的条件而已。至于语言到底如何发展，如何满足社会的需求，则是由语言内部的结构情况来决定的。

2. 内部因素

语言是由社会创造的，社会的发展会促进语言的发展，而社会的消亡也会导致语言的消亡。因此，社会的发展是语言发展的基本条件和强大原动力。这些仅是语言发展的外因，关于语言发展的真正因素，归根究底是由语言系统内部各种因素之间的矛盾运动而决定的。

作为一种符号系统，语言内部因素维持着平衡状态，同时处于一种统一的关系之中。不论是受到其他语言影响，或是为了满足新的表达需求，一旦其中某一因素发生变化，其他因素也会产生相应的变化，最终语言系统内部会调整成为一种新的平衡状态。例如，作为一种符号体系，语言中的每一个符号和另一个符号之间必须保持有效的区别。如果符号间的这种区别受到干扰或者破坏，就会引起语言系统的相应调整。

语言的要素有语音、语义、词汇、语法，它们之间彼此独立又相互统一。因此，这些元素的变化虽然各有特点，但实际上有着紧密的联系。语言诸要素受彼此的影响，这决定着语言的具体发展。不但语言诸要素之间是相互影响和制约的，而且语言各要素内部也是相互制约的。例如，词义也具有系统性，在词义系统内，词义的范围可进行自我调整，以达到平衡状态。例如，英语单词 meat 原指任何种类的菜肴，后来由于 food（食物）、dish（盘菜）的介入，就缩小了意义范围，现只指肉类荤菜。

（二）语言发展的特点

语言是人类最重要的工具，这一本质属性也决定了语言的发展是渐变的，不是一朝一夕能完成的，同时，语言系统内部诸要素的发展速度也是有差异的。渐变性、不平衡性是语言发展的两大特点。

1. 渐变性

语言是社会创造出来的一种用于交际的工具，为了满足社会的不断发展和人与人之间的社交需求，语言必须随之不断稳定缓慢地发展，否则人与人之间的交际将无法正常完成。既要不断变化，又要稳定牢固，受其影响下的语言既矛盾又统一。

2. 不平衡性

语言系统具有语音、词汇和词法这些要素，这些要素对社会发展的反应程度不同，发展速度也就不同，这就是语言发展的不平衡性。其中词汇反应最为迅捷，与社会发展联系最为密切，变化发展的速度也较快。语音和语法相比之下就稳定得多。社会的发展常常伴随着新事物的产生、旧事物的消亡、人们观念的变化等，这些都随时在词汇中得到反映。任何新事物、新现象的出现，都需要与之相应的词来表达。

词汇对社会发展的反应虽然很灵敏，但它并没有让语言变得那么陌生，一是词汇中有一部分叫基本词汇，这部分词汇是交际中最基本、最常用的概念；二是产生的这些新词所使用的构词材料，除了一些外来词之外，大都是语言中固有的东西，构成新词的格式也是旧有格式的翻版，都是"老相识"。词汇的这种变中有稳的特点，恰是语言发展渐变性和不平衡性的一种表现。

语音的发展相对于词汇来说要慢一些。生活在同一地区或同一社区的人一般感觉不到上一代人和下一代人的语音有多大区别。

社会发展有快有慢，在不同的发展时期，语言的变化也会不同。在某些阶段中，社会处于高速发展，这时不同文化之间的交流会更加密切，语言的发展也会更加迅速。如法国大革命、俄国十月革命、我国新民主主义和社会主义革命的时期，都是社会急剧变动的时期，与之相应的语言发展就快些，都产生了大批新词，同时，也有一些词改变了意义或者消亡；反之，语言发展就会慢一些，例如，欧洲的中世纪、中国的封建时代。

三、英语语言的发展过程

英语语言的发展经历了一个漫长的时期，大致包括以下三个阶段，古英语时期（450—1066年）、中古英语时期（1066—1450年）、现代英语时期[前期（1450—1700年）与后期（1700—至今）]。

（一）古英语时期

英语起源于450年前后，直到7世纪才有文字记载。在英国出现在历史舞台上时就是为几个独立的王国。其中诺森比亚（Northumbria）在皈依基督教之后的100多年里成为最强大的王国。到了8世纪初期，诺森比亚成为整个欧洲最为强大发达的文明，这是欧洲历史上最早的文艺复兴，被历史学家们称作"诺森比亚文艺复兴"。古英语中最优秀的文学作品在这个年代应运而生，其中就包含著名的《贝奥武甫》在内。

然而在同一时期，诺森比亚的王朝开始一步步没落，英国文明的中心转移至麦西亚王国。自此100年后，又换作西撒克逊人的威塞克斯地区成为文明的中心。在这段历史中的871年至899年间，在位的阿尔弗雷德大帝被誉为西撒克逊人最著名的国王，他是杰出的军事家，更是一位积极的知识传播者。阿尔弗雷德大帝组织了众多书籍翻译的活动，他本身也参与其中，诺森比亚文学就是在这段时期被记载下来的。

在9世纪到10世纪这段时间里，斯堪的纳维亚人曾大举入侵英伦本土，其中只有威塞克斯地区的杰出军事家阿尔弗雷德成功遏制了侵略者的侵扰。886年，英格兰东部海岸上登陆了一支军队，这支来自斯堪的纳维亚半岛的军队极其强大，他们势如破竹地攻破了英伦本土的众多王国，除了威塞克斯王国。在阿尔弗雷德的带领下，和平条约在多年的战争后被签下，该条约从西北到东南将英格兰一分为二，界限往西的地区属于威塞克斯，往东则由斯堪的纳维亚人接管。这种情况下，英语中多了极大数量的斯堪的纳维亚语成分。

英语中借自斯堪的纳维亚语的词有很多，如take、scant、thrust、egg、village、leg、sky、they、them、their等，这些词经过长时间的发展逐渐变为标准英语的一部分。

（二）中古英语时期

在11世纪到12世纪这段历史之中，由于诺曼人征服了英国，英语在结构上发生了极大变化。来自斯堪的纳维亚半岛的诺曼人在10世纪初期定居于法国北部，他们使用法语作为语言，后建立了极其强大和发达的诺曼底公国。1066年，诺曼底公爵征服者威廉率领大批舰队，由英吉利海峡而过开始了对英格兰的统治。

以法语作为语言的国王统治了英国几百年。

即使英国被诺曼人所征服，但英国的本土语言并没有被诺曼人的语言完全取代。法语在当时仅有宫廷贵族及上流社会所使用，人民群众仍以英语作为交流的语言。英国的国语没有因为诺曼人的征服而改变成法语，但英语仍然因此受到极大的影响而发生了变化。

早在诺曼人开始统治英国之前，英语中名词与形容词的格就已经明显简化了，那时的人们并不是通过屈折词尾来表达意思，而是通过次序和介词。这一过程受到语音系统改变的影响，这个改变的发生让许多单词词尾的发音都极其相似，而诺曼人对英国的征服极大促进了这一变化的发生。

此外，诺曼征服对英语词汇产生了很明显的影响。例如，服饰方面有 apparel（服装）、cape（披肩）、clock（斗篷）、embroidery（刺绣）、frock（僧袍）、lace（鞋带）、robe（长袍）；饮食方面有一个著名的例子，我们常将牲畜圈里的猪羊牛说成 pig（猪）、sheep（羊）、bull（牛），而到餐桌上供诺曼底贵族享用的时候就变为法语词 pork（猪肉）、mutton（羊肉）、beef（牛肉），这种用法一直沿用至今。诺曼人统治英国期间，上万个法语词汇被应用于英语之中，其中 75% 至今仍在使用。数百年前很多英国人将英语作为本族语，将法语作为第二语言，这一习惯延续至今。英国人视法语为高雅和文明的象征，在人际交谈时使用一些法语会让人觉得学识深广、优美高雅。

英语中借自法语的词多种多样，下面列举其中几种：

与颜色有关的词。例如，scarlet（大红）、blue（蓝色）等。

与娱乐有关的词。例如，Music（音乐）、dance（跳舞）、chess（国际象棋）等。

与食物有关的词。例如，cream（奶油）、beef（牛肉）、mutton（羊肉）等。

与家务有关的词。例如，towel（毛巾）、chair（椅子）、curtain（窗帘）等。

与政府有关的词。例如，government（政府）、parliament（议会）、tax（税收）等。

12 世纪到 15 世纪，这些法语词被用于英语之中。即使当时法语词被掌握的数量多于英语词，但并不代表着英语被法语所取代。英语的语音和语法结构受到了冲击，但英语仍是英语，它依旧作为词汇的核心，其使用频率较高的词也并没有被取代，如代词、介词、助动词、连词等。

中古时期的英语仍属于日耳曼语言，但语言系统和语法方面却发生了变化，与古英语之间产生了不同。那时的英语表达对于格的系统与屈折形式使用较少，主要依靠次序和结构词。

（三）现代英语时期

现代英语时期又可以分为两个阶段：现代英语前期与现代英语后期。

1. 现代英语前期

15 世纪到 16 世纪，在语音这一方面，英语发生了以下变化：

（1）省略了非重读音节词尾的元音

例如，在乔叟时代，wine、name、stone 等都是双音节词，但是到莎士比亚时代就变为单音节词，这些词中的元音 e 变为不发音的元音。这些词的变化对英语中的很多词都产生了影响，同时也给英语带来新的改观。

（2）英语主要元音音变

具体指的是重读音节中一些元音所产生的一系列音变，这些音变使长元音的上移与不能再上移的两个最高元音变为二合元音（俗称"双元音"）。例如：he、moon 在中古英语中分别读作 /hei/、/mu:n/。这次音变对英语中所有带有这些元音的词都产生了直接影响。

除了在语音方面的变化使得现代英语和中古英语区别开来，印刷术对英语的发展也起到了一定程度上的影响。1476 年前，书籍数量极少且昂贵，这一现象在威廉·卡克斯顿将印刷术引入英国后发生了变化。随着印刷术的兴起，书籍价格降低，其数量也随之增多，书籍的广泛传播让更多的人获得了知识。即使印刷术产生的影响主要在书面语，但其对语言统一和拼写规范化的促进效果也不容忽视。

1500 到 1700 年间，英语迎来了文艺复兴时期。这时的人们不仅乐于研究过去，还对探索未来抱有极大的激情，新思想层出不穷，而新的语言随之而生，可谓百家争鸣。诺曼征服使英国人习惯了从法语中借用词汇，现在他们开始引入希腊词和拉丁语。大量的古典语言词汇不断涌入英语中，如 exist、bonus、anatomy、benefit、scene、climax 等。

要说现代英语前期中影响最大的作家就非莎士比亚莫属了，当时最为闻名的图书当属钦定版《圣经》。该版本于 1611 年出版，要想清晰地认识现代英语的特点，阅读钦定版《圣经》和莎士比亚的作品是不错的选择，即使这些特点早已不在现代英语中使用，但《圣经》中仍可以看到它们的身影。

2. 现代英语后期

自 18 世纪中后期，英语的历史上发生了各种各样的事件。

18 世纪初对英语进行规范和控制的尝试就是其中一个重要事件。在 18 世纪，影响语言的因素没有被很好地理解，人们因此提出了完善、缩短和限制英语的建议。有人主张成立一个专门的机构来规范英语的使用。虽然学院最终没有成立，但人们却改变了对英语的态度。

对英语的规范在一定程度上促进了词典的出现。1603 年出版了第一本英语词典，这本词典简略地罗列了 2500 个词。后来，很多词典相继问世，且不断有所改进。1755 年，塞缪尔·约翰逊（Samuel Johnson）的《英语词典》出版，这本词典不断地修订再版，在英国流行了约 100 年。1828 年，美国人诺亚·韦伯斯特的《韦伯斯特英语大词典》出版。19 世纪，《牛津英语大词典》出版，这部词典共有 12 卷。

除此之外，18 世纪还出现了英语语法。当英语代替拉丁语作为一种学术语言使用时，人们认为英语应该像拉丁语一样：可以从语法层面进行控制和分解、分析和论证。因此，拉丁语语法被引入英语，并附在英语中。然而英语和拉丁语是截然不同的，这种做法的正确性自然无法被肯定。英语有自己的符号、形式和表达方式。尽管如此，拉丁语模式的英语语法还是建立起来了，并在学校里教授。即使学生不太喜欢它，许多学校如今仍然提供语法课程。从逻辑的角度来看，这种训练有时是有趣且有意义的。语法倾向于保留相对稳定的英语结构。现代英语发展的最重要因素很可能是英国对于领土的不断扩张。当今世界上最重要的语言英语，在 16 世纪初期还只是一个小岛上的少数民族的语言。

现在的英语有多种类型，如英式英语、美式英语、澳大利亚英语、印度英语等，它们之间存在很大的差异。

经过漫长的发展历程，英语从一种屈折度较高的综合型语言转变为一种分析型语言。

第二章 语言学综述

本章内容阐述了语言学综述,主要从三个方面进行介绍,第一节为语言学的概念与研究内容,第二节为语言学的分类、流派及发展,第三节为语言学与其他学科的关系。

第一节 语言学的概念与研究内容

人类的交际离不开语言,但大多数人都只是对语言不自觉地学习和掌握,而缺乏理性的、科学的认识。即实际掌握语言的人不一定能对语言现象做出合理的解释。语言学的基本任务就是帮助人们拨开语言现象的迷雾,使人们掌握语言的理性知识。懂得了语言规律,才能指导语言实践。虽然在平时的交际中,说话不需要语言学理论的指导,但是当我们想要表达一种复杂而又严密的意义时,掌握一些语言学理论知识就显得尤为重要。

一、语言学的概念

对语言进行科学研究并与语言有关的科学被称作语言学。

这个定义实际上是对人类语言的研究中的两个问题"什么是语言以及它是如何工作的"给出了答案。不仅如此,语言学还研究与语言有关的其他问题,如语言之间的差别和共性,是什么因素使语言发生变化,社会阶级差异在语言中的反映程度,以及儿童如何习得语言等。由此可见,这是一个丰富而有趣的领域。

将语言学称作科学的说法曾引起了很多争议,这些争议在语言学成立之初尤其明显,如今语言学已然成为人类学和社会科学的主要学科之一,争议自然已消失不见。作为一门公认的学科,语言学本身的研究潜力不可低估。

由此得知,语言学研究的不断发展并非是毫无依据的,其对个人乃至整个人类社会的促进作用不容忽视。语言学具有复杂性，国内外许多学者都专门对其本身的众多层面进行研究。这种关注引发了如教育、言语矫正、翻译技巧等各种应用研究，对于理论方面的研究如索绪尔的结构主义理论对与之相关的其他社会学科（如文学研究和社会研究）也产生了巨大影响。我国研究语言的历史虽比较悠久，但现代语言学的研究还有一段相当长的路程要走。会在之后的章节中论述如今语言学已有的理论、分支和方法。在语料的研究中，已经无人争论是创建语料库还是依靠直觉，因为这两种理论都有各自的优势。当今科技发展迅速，其中计算机领域对语料库语言学的发展起到了关键的促进作用。

二、语言学的研究内容

作为语言和语言相关问题的研究学科，早期的语言学是依附于其他学科的。直到 18 世纪历史比较语言学诞生，语言学才得以独立，成为独立的学科。时至今日，语言学已成为社会人文学科的主导学科，其门类多样，充满活力。

由于语言学的快速发展，它尚未形成一个完整的、被广泛认可的学科体系。因此，笔者认为语言学研究可以分为基础研究、应用研究和交叉研究三大类，下面将分别论述这三类：

（一）基础研究

基础研究侧重于语言的基本方面。

语言学可以从研究对象的角度上分为普通语言学和特殊语言学。其中，普通语言学的研究对象是所有的人类语言，主要关注语言的性质和共性，从而寻到语言的普遍理论。具体语言学只研究特定的语言，如英语、汉语、法语等。

语言学可以从研究对象的时间上分为共时语言学和历时语言学。共时语言学又称"静态语言学"，本质上是静态的，它主要研究语言的结构，从横向的角度研究语言，如现代汉语和现代法语。历时语言学又称"动态语言学"，本质上是动态的，它主要研究语言的发展演变及其发展规律，并从纵向的角度研究语言，如英语和汉语的发展史。

不仅如此，一些学者在研究语言学的方法上进行了探讨。例如，对比语言学、转换生成语言学和结构主义语言学研究的是没有亲属关系的语言，而历史比较语言学研究的则是含有亲属关系的语言。

此外，英语语言学的基本研究对象也可以从语言的子系统或某个方面进行研究，如语音学、音系学、形态学等。

（二）应用研究

应用研究，也称"应用语言学"，指运用语言学的基本理论、研究方法和研究成果来解释其他领域的语言问题。换言之，将语言学理论转化为具体的社会实践，以此来产生真正的社会效益。

应用语言学以语言教学为研究重点，因此狭义的应用语言学就是语言教学。语言教学主要包括母语教学、第二语言教学、康复和语言诊断。此外，文字的改革与创新、词典的编纂、特殊群体的特殊语言代码以及语言的翻译也属于应用语言学的范畴。

当今计算机和信息科学的高速发展使得人机对话、信息管理与检索、人工智能等先进领域被应用到语言学研究中，此后越来越多的领域也将进入应用研究的范围之中。

（三）交叉研究

目前，科学发展的一个主要趋势是学科之间的不断渗透。交叉学科的出现已成为当代科学的一个明显标志。传统语言学与社会学、逻辑学、文学、地理学、文化、哲学等诸多人文领域学科密切相关。现在语言学又关联到一些科学技术领域，如医学、计算机科学、数学、信息科学等。

语言学与人文学科一起形成了一大批交叉学科，如社会语言学、逻辑语言学、文化语言学、语言哲学等；语言学与科学技术领域的学科一起，创造了数学语言学、计算机语言学、病理语言学等学科。

由此得知，上述三个语言学研究领域之间并没有明确区分。例如，应用研究和交叉研究都离不开基础研究。因此，虽然各种语言研究的类型和水平有所不同，但谁高谁低并没有区别。我们应平等对待各种研究，绝不能有任何的夸大或是贬低。

三、语言学的实践意义

学习语言学理论可以用来指导实践活动，语言学的实践意义有以下几个方面：

（一）学好语言学是提高全民族文化水平的大事

要想掌握一门科学技术或是学习某种文化，语言文字是基石。中华民族的母语汉语是世界上使用人数最多的语言，将其牢牢掌握是我们必须要做的事情。而且随着我国国际威望的提高，世界上学习汉语的人也越来越多。如果掌握了语言学的相关基础知识和基本理论，就能够帮助人们更快、更好地去掌握某一种语言，甚至是可以较快地掌握某一类的语言。如果是语文教育工作者或者是外语教育工作者，不仅要具备一定的语言学方面的基本理论和知识，更得对语言的结构、语言的发展演变等深层次的理论有更深的认识和把握。

（二）语言学是制定各项语文政策的依据

为了充分发挥语言文字在我国社会主义革命和建设中最重要的交际工具的作用，我们党和政府需要制定各项语文政策，如推广普通话、汉语规范化、文字改革等，而这些都离不开语言学理论的指导。例如，需要推广普通话，而推广过程中造成的儿童不会说方言，方言无法继承的问题该如何解决？汉字的书写传统延续了几千年，为什么要改革？汉字难学、难认、难写、难记，能不能走拼音化的道路？这类问题要想得到很好地解决，就必须接受正确的语言学理论指导。

（三）语言学是解决其他科学问题的一把钥匙

语言学与文学、社会学、历史学、民族学、考古学、人类学、哲学等社会科学有密切的联系。从语言学与文学的关系来说，古代文学经典推动了语言学的产生和发展，反过来语言学的研究成果也会对文学产生巨大的影响。没有古希腊拉丁文、语法、修辞逻辑等语言学知识，众多古希腊优秀作品也不会被欧洲人重新"发现"；没有文字、音韵、训诂等方面知识，《诗经》《楚辞》的解读就会变得相当困难……语言学的研究也会促进历史学的发展。通过运用词汇学的知识可以帮助我们解决古代民族史上的有关问题。例如，透过历史上的汉语借词，我们可以发现历史上汉族和其他民族的交往情况：汉语中的石榴、玻璃、苜蓿、葡萄、狮子是从西域借入的词；菩萨、和尚、塔、世界、因果、庄严、法宝、圆满是汉代以后从印度借入的佛教用语……

语言还跟自然科学有关系。新兴技术的出现扩大了语言学的应用范围。例如，电子科技被用来研究语言的物理特征和生理特征，脑电图被用来检测大脑的语言系统，信息论、控制论被用来研究语言的交流。也因此形成了很多交叉学科，如计算语言学、神经语言学、试验语言学、数理语言学、病理语言学等，随着这些学科的形成和成熟，诸如聋哑人学话、口吃矫正、失语症治疗、人机对话、人工智能等实际工作都会受益于语言研究的成果。

第二节　语言学的分类、流派及发展

一、语言学的分类

作为一门独立的学科，语言学有自己的一套研究方法，不同的研究方法会导致不同的学科分支产生。语言学有理论语言学和应用语言学两类，其中前者是对语言现象的理论研究，通过语言事实的概括来构成一套完整的科学原理，而后者则是用已有的原理来解决现实中的任务。

（一）理论语言学

理论语言学包括对某一单一语言的研究和对人类一般语言的研究。以某一单一语言为研究对象的语言学，我们称之为个别语言学或专语语言学。例如，专门研究汉语的叫汉语语言学，专门研究英语的叫英语语言学。个别语言学或专语语言学可以从纵向的角度，用历史的方法来考察语言在不同历史阶段的发展演变过程及其规律，我们称之为历史语言学或历时语言学，如汉语史、英语史等；还可以从横向截取语言发展的一个横断面，静态地描写语言在某个时期的形态，我们称之为描写语言学或共时语言学，如古代汉语、现代汉语等。

一般语言学或普通语言学的研究对象不是单一的语言，而是人类的一般语言的性质、功能、结构、发展等常见问题。"语言学概论"是如今普通语言学的一门基础课，它对各种语言的研究成果和基本规律进行综合归纳，是理论语言学的任务。

普通语言学的基础是研究个别或具体语言。普通语言学内容的丰富程度、总结的全面程度和对个别语言研究的深刻程度呈正比关系。此外，欧通语言学理论还可以用来对个体语言学的研究起到指导作用。因此，在研究一种特定的语言时，我们应该运用普通语言学的一般原理来分析和描述它，并比较不同的语言事实。同时，我们应该总结新的原则，提高普通语言学的丰富程度。

（二）应用语言学

应用语言学有狭义和广义之分：狭义的应用语言学主要涉及语言教学问题，包括本民族的语言教学和外族语的教学；广义的应用语言学是由语言学的基本原理同有关学科结合起来研究问题的一种交叉性学科。例如，语言学与人类学相结合产生了人类语言学，与心理学相结合产生了心理语言学，其他如社会语言学、病理语言学、数理语言学、神经语言学等都是由语言和其他学科交叉形成的学科。应用语言学不同于理论语言学，它是研究语言在各个领域中实际应用的总称。用什么理论解决什么实际问题，这是应用语言学的课题。例如，语义学提供了义素分析、语义场分析、搭配分析、逻辑语义分析等各种分析语义的方法，它们有的比较适用于语言教学，有的适合词典义项的划分，而有的则适于机器翻译的语义形式化。

博杜恩·德·库尔德内（J. N. Baudouin de Courtenay）是 20 世纪语言学的创始人之一。他在 19 世纪末就提出并有创见地解释了直到 20 世纪才开始在语言学界引起注意的一系列重要问题，其中就有应用语言学的概念。

语言学除了在理论与应用方面的划分之外，还在宏观与微观、内部与外部、结构与建构等领域进行了分类。现代语言学的发展表明，只有多角度、多层次、全方位地研究语言，才能深刻认识语言的本质，最大限度地发挥语言的作用。

二、语言学的流派

从不同的视角去研究语言的内部结构、发展演变，归纳和总结语言学的一些理论和方法，由此形成了语言学的不同流派。

（一）历史比较语言学

历史比较语言学是通过语言亲属关系的比较来研究语言发展规律，并拟测它们的共同母语的一个学派。该学派在19世纪逐步发展和完善，并使语言学走上了独立发展的道路。

19世纪历史比较语言学在理论和方法上的发展大致可以分为三个阶段。

1. 初始阶段

在初始阶段，丹麦的拉斯克、德国的格里姆和葆朴被称为"历史比较语言学的奠基者"。拉斯克是第一个比较基本词汇中词语的人，在其创作的《古代北欧语或冰岛语起源研究》一书中可以找出其中的语音对应规律，语言的亲缘关系便是以此确定的。受到拉斯克的启发影响，格里姆确定了希腊语、峨特语和高地德语之间的语音对应关系，这一关系称作"格里姆定律"并被记载于格里姆著作的《日耳曼语语法》中。其中印欧语系和其他语系的基础为语音对应规律的基础被格里姆明确表明。"格里姆定律"中存在一组例外，该例外在"维尔纳定律"中得到了解释。如此一来，音变规律的研究逐渐得以完善，历史比较语言学也因此打下了厚实的理论基石。葆朴的主要著作是《梵语、禅德语、亚美尼亚语、希腊语、拉丁语、立陶宛语、古斯拉夫语、峨特语和德语比较语法》，该著作通过将梵语与欧洲亚洲的其他语言进行比较，发现远离欧洲的梵语并不是拉丁语、希腊语和其他欧洲语言的母语，同样不是由其他语言演变而来的，而是出自同一种原始语言，它的特殊性在于相比其他语言留存了更多的原始形式。

2. 第二阶段

1850年前后，历史比较语言学来到了第二阶段，该阶段最具有代表性质的人物是来自德国的语言学者施莱谢尔（August Schleicher），其代表作是《印度日耳曼语系语言比较语法纲要》。在初始阶段的学者认识到历史上存在亲属关系的语言均出自一种已然消失的原始母语，施莱歇尔在第二阶段时开始将这种原始母语进行具体构拟，其中形式采用星号（*）来表示。因为受到生物学的启发，施莱歇尔设计了树形谱系图来使存在亲属关系的语言的历史演变过程以一种直观的形式展现出来。这代表了历史比较语言学的重大突破。然而，该理论并没有考虑语言统一和不同语言间相互影响的问题，仅考虑了语言的分化，施莱歇尔的学生施密特（J. Schmidt）用"波浪说"对此进行了修正。

3. "新语法学派"时期

1875到1900年间是历史比较语言学的"新语法学派"阶段。奥斯特霍夫（H.

Osthoff)和布鲁克曼（K. Brugmann）是这一学派的代表人物，他们创办了刊物《形态学研究》并在上面正式宣布：语音演变规律不允许任何例外。"维尔纳定律"也处于"新语法学派"时期中的重大研究成果。他们不仅坚持该原则，同时将语言材料作为依据，对生理学和心理学的研究成果进行借鉴，十分强调"类推"在语言演变中的作用，布鲁克曼和德尔布吕克合著的《印度日耳曼语比较语法纲要》和保罗的《语言史原理》同样是该时期的代表著作。

19世纪的历史比较语言学家极大地促进了语言学的发展，他们对大量的语言材料进行调查比较，不仅对人类语言的演变过程提出了假设，画出了世界语言的谱系，还创造出了更为科学的研究方法，提出了语言起源和本质相关的全新理论，为后来结构主义和描写语言学奠定了坚实的基础。

（二）结构主义语言学

1930年前后，欧洲兴起了结构主义语言学，其中索绪尔所著的《普通语言学教程》意味着该学科的诞生。该学派主张对语言现象进行系统分析研究，其内部又分为布拉格学派、哥本哈根学派和美国结构语言学派（也称美国描写语言学派）三大学派。

1. 布拉格学派

布拉格学派，又称"结构—功能学派"或"功能学派"，其先驱者是马泰休斯（Vilem Mathesius）。该学派侧重于语言的功能，并认为语言是一个完整的体系，关于语言现象的评价也应与其功能相关。该学派的代表作是特鲁贝茨科依的《音位学原理》。索绪尔关于语言是系统的思想被该学派认同且接受，在研究音位系统后创就了音位学说。布拉格学派对广义的语言学问题也有涉及，语言学理论被运用到文学作品和外部语言学其他各领域的研究之中。

2. 哥本哈根学派

哥本哈根学派，又称丹麦学派，代表人物有叶尔姆斯列夫（Louis Hjelmslev）、布龙达尔、乌尔达尔等。该学派的代表性著作有叶尔姆斯列夫的《语言理论导论》和《普通语法原理》。该学派同样认同索绪尔的语言系统学说，并以此为基础对语言形式进行研究，与布拉格学派不同的是，哥本哈根学派更注重语言的组合关系。该学派认为语言理论是一个"纯演绎系统"，所以分析语言时采用"假设—

推理"法，几乎不会涉及具体研究，故其影响面不大。

3. 美国结构语言学派

美国学者在20世纪研究美洲印第安语时形成了结构语言学中最重要也是最完善的学派——美国结构语言学派，又称美国描写语言学派。布龙菲尔德（L.BLoomfield）是该学派最具代表性的人物，其在1933年出版的《语言论》极大地促进和影响了美国结构主义语言学的发展。同这一奠定美国结构语言学派基础的著作使得美国结构语言学进入了"布龙菲尔德时期"。1950年左右，美国结构主义语言学进入"后布龙菲尔德时期"，该时期的主要代表有哈里斯（Zellig Harris）和霍盖特（Charles Francis Hockett）。被称作后布龙菲尔德时期的象征和转折点的著作《结构语言学的方法》于1951年由哈里斯出版，这一学派并不像欧洲传统结构主义学派那样注重书面语，而更重视口语和共时描写，该学派制定了分析描写语言结构技术，该技术不仅对结构语言学的发展有极大的促进作用，并在一定程度上影响了汉语的研究。1958年，科学总结美国结构语言学发展的集大成之作《现代语言学教程》由雷盖特出版。

将索绪尔的基本理论——对语言和言语进行区分作为学派的一部分，这是这三种学派的共通之处。语言是符号系统，其中的共时和历时区分开来，在话语中将不同成分之间的差别和关系切分出来，在分类和合并之后，对于语言系统的研究就在这些紧密又制约的关系之中。

结构语言学自诞生以来，对整个语言学研究中的领域和流派产生了影响，其严谨缜密的分析风格对其他人文社会科学的发展，乃至于人类学、哲学、心理学和文艺批评等领域都有所渗透和影响。学术界因此对于这种以语言学理论出发却对整个人文社会科学都有所影响的结构主义特别关注。

（三）转换—生成流派

转换—生成流派产生于20世纪50年代末，以美国乔姆斯基（Noam Chomsky）为代表，运用转换—生成的理论和方法研究语言。

1. 转换—生成语法

"转换—生成语法"伴随着乔姆斯基著作《句法结构》的出版，于1957年诞生。完全不同于美国结构主义，它并没有建立在经验主义基础之上，而是将理性主义的哲学基础作为了基石，这挑战了当时的主流美国结构主义语言学，被世人称为"乔姆斯基革命"。

将人脑的认知系统和普遍语法作为主要研究对象，语言和行为的描写则退居其次，"转换—生成语法"对人类语言能力的解释十分重要。乔姆斯基并不认为语言是真实存在的，所谓"语言"不过是"语法"的产物，而真实存在的"语法"才是这一流派的研究对象。除此之外，"转换—生成语法"以现代数理逻辑作为基础，其采用的形式化方法可以通过演绎来以有限的公理化的规则和原则系统生成无限的句子，这解释了人类所拥有的语言能力。由此可以看出，在研究目的、研究对象或是研究方法的角度上来看，这一流派和传统语言学及结构主义语言学都有着本质和原则上的不同。它开辟了全新的语言研究之路，这意味着语言研究并不是只有已存的方向，语言学的新面貌展现在世人眼前，同时极大地影响了其他人文社会科学的发展。

2. 生成音系学

作为生成语法学的分支，生成音系学也被转换—生成流派囊括其中，它将人类大脑中的音系知识作为主要研究对象。作为生成音系学的代表人物，雅科布逊、哈勒等人于1952年合写了《言语分析初探》，乔姆斯基、哈勒等人于1956年合写了《英语的重音与音渡》，乔姆斯基和哈勒合写了《英语语音模式》，分别代表了前三个阶段。1960到1970年间，生成音系学成为美国音系学的主流学派则是得益于《英语语音模式》中提出的标准理论。1975年之后进入非线性理论时期，生成音系学演化出了如自主音段音系学、节律音系学、词汇音系学等各种名目的音系学。哈勒在该时期接过了乔姆斯基手中的旗帜成为该领域的旗手，而乔姆斯基则是开始主要研究语法。

3. 生成形态学

转换—生成学派中还有一个重要研究是生成形态学。乔姆斯基的著作《论名物化》中首次对形态学在生成语法中的特定作用进行了确定。1973年，哈勒将生成形态学的模式清晰化，西格尔、杰肯道夫、阿罗诺夫等人又将这一模式进行改进。

总的来说，研究语法的转换—生成学派其各个分支学科都极大影响了各自领域的研究。该学派的影响并不局限于语言学，对整个认知科学的发展都有着极大的促进作用。乔姆斯基认为对人脑奥秘的探索离不开将语言学的研究和神经学科、心理学以及生物学等学科的研究相结合。

（四）系统—功能学派

整个语言学的功能主义思潮是系统—功能学派兴起的重要原因。功能主义指的是当代语言学界与形式主义相对峙的一种学术思潮。它旨在通过语言在社会交际中应实现的功能来描写和解释各种语言的音系的、语法的和语义的语言学特征。布拉格学派一直是语言学界公认的一个功能主义学派，它所说的功能主要包括语言在交际行为中的功能、语言在社会中的作用、语言在文学中的功能以及从功能观点看语言在不同层次方面的问题。英国语言学家弗思（J.R. Firth）教授开创了伦敦学派，并由他的学生韩礼德（M.A.K. Halliday）教授继承和发展，系统—功能语言学得以形成。该学派有六个核心思想。

1. 纯理功能的思想

韩礼德认为语言必须完成的功能是人们对语言的要求，这正是语言的性质所在。虽然这种功能是无限可能的，但若干有限的、抽象的功能被囊括其中，即"纯理功能"，又称"元功能"，包括经验功能、人际功能、语篇功能三个方面。

2. 系统的思想

意义潜势作为应用意义的规则源泉，可以用来很好地解释语言并非所有句子的集合。韩礼德认为结构由潜势衍生而来，是过程的底层关系。聚合关系可以更好地使用潜势作为表达。韩礼德将网络作为语言系统的解释，这种网络可以进行语义选择，当逐步实现系统的各个步骤之后，结构因此产生。

3. 层次的思想

系统—功能语法认为，语言是有层次的，至少包括语义层、词汇语法层和音系层。各个层次之间存在着"实现"（realize）关系，即对"意义"（语义层）的选择实现对"形式"（词汇语法层）的选择，对"形式"的选择实现对"实体"（音系层）的选择。

4. 功能的思想

这里的功能是形式化的意义潜势的离散部分，对构成一个语义系统起具体作用的语义成分，词汇语法的成分或结构只是它的表达格式。

5. 语境的思想

如果语言是一个整体，语义系统的标准则必须从外部确定，这是系统功能语法的中心思想。语言并不是语义的全部，语言所处的语境或是情景也是一部分。情景分析法和情景意义与其他层次的分析法和意义的区别在于：情景分析法和情景意义涉及有关世界的非语言特征；说话者和听话者都要掌握有关文化的非语言部分。韩礼德也认为，"社会语境""环境""相互交往"等概念与"知识""思维"等理论是同类型的。

6. 近似的或盖然的思想

韩礼德从信息理论中汲取了"近似的"（approximative）或"盖然的"（probabilistic）思想。语言是有可能但不是必然的，这种盖然性尤为体现在人们对词汇进行选择时，例如，从英语中选择"人行道"的词汇时，有人用"sidewalk"，也有人用"pavement"。人们要想掌握使用范围，只能通过相对概率。语言系统的描写如果采用相同的原则，那么使用各种句型时也会产生概率问题。由此得知，要想掌握不同形式项目的使用，区别语义与特定情景语境关系，精准度的提升是唯一的道路。该理论说明了不同语域在词汇语法层面上的概率不同导致了彼此之间的差别，同时受制于所要表达的不同语义的确切程度。

系统—功能语法包括"系统语法"和"功能语法"两个部分，这并非简单地综合了两种语法，而是完整了理论框架中两个不可分割的方面。

系统—语法或系统—语法学着重说明语言作为系统的内部底层关系，它是与意义相关联的可供人们不断选择的若干个子系统组成的系统网络，又称"意义潜势"。作为一种符号，在对说话者的语义进行表达时，对语言各个语义功能部分进行选择是必然的。功能语法的重点则是在于：作为社会交往的工具，人们在长期社交活动中为了实现不同语义而逐步形成了语言系统；人们需要在语言系统中进行选择，实际上这一动因的活动是根据所要实现的功能而进行的。

（五）社会语言学

20世纪60年代，美国兴起了一门边缘性学科，名为社会语言学（sociolinguistics），它从不同的社会科学的角度，通过运用语言学和社会学等学科的理论和方法来研究语言的社会本质和差异。

1. 社会语言学的研究范围

社会语言学的研究范围一般而言，包括以下几个方面：

第一，一个国家或地区的语言状况，如双言制（diglossia）、双语、多语或多方言状况。

第二，各种语言变体，包括地域方言和社会方言，标准语和土语，正式语体和非正式语体等构造特点及其社会功能。

第三，交谈情景与选择语码之间的关系以及语码选择与人际关系的相互作用。

第四，社会及不同的集团对各种语言或语言变体的评价和态度，以及由此产生的社会效应。

第五，由于社会的、文化的、经济的、政治的种种原因，以及语言接触所引起的语言变化的方式和规律等。

2. 社会语言学的研究对象

社会语言学的研究对象一般为以下几种：

第一，"微观社会语言学"，又称"小社会语言学"，指联系社会因素来对语言变异发生的原因和规律进行探讨，并通过统计和概率来描写变异现象和语言的变异。

第二，社会中的语言问题，如上面提到的双语、语言接触、双方言、语言规范化问题等，这又被称为"宏观社会语言学"。

第三，研究人们在不同环境下使用语言的差别，如社会语言变异是某一社会阶层使用语言包括语音、语法和词汇的不同习惯；个人语言变异是不同的性别、年龄、行业和经济地位等对个人言语的影响。

3. 社会语言学的研究学派

结构语言学、转换—生成语言学研究的是同质的语言，而社会语言学研究的则是有序异质的语言，后者不同于前者的重要特征是社会语言学通过联系社会因素的作用来对语言结构进行研究。

如今社会语言学已取得突破进展。1970年后，语言学家愈发认识到语言的异质性，交际民族志学、跨文化交际、交际社会语言学、语言社会化和语言习得、会话分析、语言变异研究等学派也以社会语言学为基础而诞生。

跨文化交际的研究主要是探索不同语言文化环境中的交际策略和具体差异。

交际社会语言学注重研究一个种族内部的交际差异，例如，同一种族内男女性别差异对交际策略的影响，不涉及跨文化和跨种族的交际策略。

语言的本质是社会现象，语言社会化认为儿童的语言习得离不开他所处的文化环境。

作为专门研究两人或两人以上对话的学派，会话分析（在英文文献中常用大写的 CA 来替代）提供了极其有效的分析框架，这极大地促进了其他关心实际言谈的社会语言学派的发展。

"变异学派"以拉波夫作为代表，是语言变异研究的中心。1966 年，美国社会语言学家拉波夫以包含 fourth 的句子作为调查手段，对纽约市里各个层级的百货公司职员语音进行调查和研究。统计结果显示，不同的社会阶层存在着不同的 r 发音：高层和中层的职员发 r 音的百分比分别为 62% 和 51%，而下层的职员却只有 20%。拉波夫认为下层口音的标志是不发 r 音，而由于想要靠拢上中层的下层职员经常在顾客面前发 r 音。根据这一调查和研究，拉波夫发表了《纽约城英语的社会分层》一文。从此之后，语言变异不是变异研究的唯一研究对象，针对调查语言社团、搜集语言素材并定量分析的方法研究也成为目标之一。语音方面虽然是变异研究成果早期的主要方面，但是目前语法、语义、话语分析等语言研究已逐步被扩展。

4. 社会语言学的理论价值

社会语言学的理论价值主要体现在以下三个方面：

第一，对语言提出了一种更为细致同时又更为广阔的概念，打破了索绪尔以来只研究语言内部同质系统的局限。

第二，对语言研究进行计量统计的分析。

第三，通过语言变异的研究在共时和历时之间架起一道沟通的桥梁，解决了共时和历时的矛盾。

三、语言学的发展过程

（一）语文学阶段

在历史比较语言学产生之前的历史时期一般被称作传统语文学阶段。语言学还并未在该时期成为一门独立学科，当时的人们仅是认为古代名著的语音值得学习和借鉴，便将书面语视为重要研究对象，而忽视口语的重要性，甚至认为口语是俗语。当时的研究仅以阐述经典中的"微言大义"作为目的，来让经典名著更容易被人理解。语文学阶段并不注重探索语言规律，而是将对古代流传而来的文学、宗教、历史、哲学、政治等方面的经典注解作为首要任务，因此被称为传统的语文学。

语言学有中国、印度、希腊—罗马三大发源地，这三地都是从语文学开始研究语言的。

（二）历史比较语言学阶段

19世纪初，达尔文进化论的影响颇深，一些西方学者因此开始比较历史来对语言进行研究，历史比较语言学应运而生，语言学也因此成为一门独立学科。

伴随着资本主义的不断发展，海外探险、贸易和殖民活动愈来愈多，这使得过去无法了解的国家、民族和语言都有机会被人们所知晓。语言视野的大幅度扩张使得语言研究开始面对现实和语言现象本身，语文学因此开始朝语言学发展。

19世纪的索绪尔（1857—1913，瑞士人，先学习化学，后学习语言学）建立了普通语言学。他的著作是语言学史上的一个里程碑。索绪尔语言学理论的主要内容包括以下几个方面：

第一，区分语言和言语，从而明确了语言研究的对象。

第二，指出语言是一个符号系统，这种从结构上研究语言的做法，构成了几乎整个现代语言学的基础。

第三，区分共时研究和历时研究，促进了描写语言学在20世纪的发展。

第四，把组合关系和聚合关系看作语言这个符号系统的两大基本关系。

索绪尔的语言学理论构成了结构主义语言学的理论基础。

（三）结构主义语言学阶段

1920到1940年间，新兴的语言学流派结构主义语言学诞生。将美洲印第安语普查作为实践要求，对于没有文字和书面文献资料的语言，印第安语的结构类型与欧洲语言截然不同，结构主义语言学因此而来。该学派继承、发展和具体化了索绪尔的重要基本观点，分为捷克的布拉格学派、丹麦的哥本哈根学派和美国描写语言学派三大流派。

（四）当代语言学阶段

（1）转换生成语言学

1955 年到 1960 年间，乔姆斯基创建了转换生成语言学这一新兴语言学流派。乔姆斯基一直于麻省理工学院任职，该流派的活动中心也在此地。身为该流派的创始人，乔姆斯基是美国当代著名语言学家，他在几十年来不断修正这一学说，于 1957 年出版的《句法结构》和 1965 年出版的《句法理论要略》是他的代表作，这两部著作对当代语言学的发展产生了巨大影响。

（2）系统功能语言学

英国语言学家弗思教授一手创建并由其学生韩礼德教授继承和发展，系统功能语言学由此而来，《语法理论的范畴》是该学派的著作。值得注意的是，与其说系统功能语言学是理论，不如说是学术思潮。

除此之外，还有综合性语言学和其他学科交叉而形成的语言学，限于篇幅问题，此处不再赘述。

四、当代语言学的发展趋势

随着各个语言学派、语言学家对语言的多角度探索，语言学无论是在研究的广度上，还是深度上，都得到了前所未有的拓展。人们越来越能认识到语言的本质，越来越明确了语言学的研究对象。近年来，语言学的发展趋势越来越引起人们的关注。

对语言体系、言语活动和语言机制的研究是第一步，当代语言学便是从这三方面来对语言的本质进行认识。将语言体系视为唯一研究对象的结构语言学，在探寻语言本质的道路上不免有些本末倒置了。因为语言体系的掌握离不开言语活动，话语的建构和理解也离不开言语交际，所以抛开语言活动，仅对语言体系进行研究，便是一种伤害和误解。

语义研究的重视是第二步。当代语言学十分重视研究语义，这是因为它认为语言是语义结合的符号体系。传统语言学认为语音、词汇、语法是语言的三要素，仅在词汇学、语法学中对语义进行有限的研究；结构语言学只分音位和语法，对词汇系统和语义系统都不重视。转换—生成语言学在早期也对语义研究并不重视。1965年前后，各派语言学家都认识到语义研究的重要性；1965到1980年间，关于语义和句法问题在整个西方语言学界掀起了学术讨论的风潮，语义学这一学科也开始与语音学、语法学并列。语义学的研究探讨了语义的本质、结构、形式化等问题来打破传统限制，研究共时和泛时的语义现象来打破历时限制，在广范围内分析研究义素和话语意义，打破了词义限制。

第三步，语言学的研究重点成为建构而并非结构。结构语言学中存在着各种局限，这些局限被当代语言学打破，建构研究也因此开始发展。所谓建构，一是指利用语言体系中的材料构成话语；二是利用话语中的创新，在其约定俗成后，充实语言结构体系；三是指个体在习得和学习一种语言时，逐步建构个体的语言体系，使之接近于全民语言体系。语言的共识结构体系是建构的一个阶段，是相对而言的。现代各种语言的发展均在建构之中。语言结构和语言结构是彼此成就、不可分离的，离开了建构，语言结构则无法适应社会交际，其本身也会单调贫乏。因此，对于语言结构体系、建构规律、言语规律、话语和发展语言结构规律的研究都不能放下。

最后，由于广泛应用语言学理论，不可避免地使得大量边缘学科出现。应用语言学领域的学者渐渐开始关注这些新兴的研究领域，其研究范围也自然随之扩大。

第三节　语言学与其他学科的关系

语言是人类最重要的交际工具和思维工具，人的生活离不开语言，这代表着语言学与其他学科必然发生不可分割的联系。在语言学尚未成为独立的学科之前，也就是在语文学时期，语言研究就同哲学、逻辑学、历史学、考古学、文学、社会学、民族学等各种古文献的研究发生了广泛的联系。如今人类社会进入了高速发展的全新阶段，科学不断发展进步的同时，语言学与社会科学、自然科学之间也发生了紧密联系。随着科学技术的迅猛发展，交际过程中的机械化、自动化成为某些领域的确切需求，因此语言研究与通信工程等学科之间产生了密切了联系。语言本身的特点决定了它势必与其他学科产生紧密联系。语言作为一种社会现象，不可避免地与社会、文化、思维、文学、符号等现象之间联系密切。除此之外，语言还与一些自然现象也有联系。

一、语言学与哲学

语言学的发展离不开哲学思想的发展，同时哲学也深受语言学独特内涵的影响，语言学和哲学之间的联系不可分割。马克思指出，"'精神'从一开始就很倒霉，受到物质的'纠缠'，物质在这里表现为振动着的空气层、声音，简言之，即语言。语言和意识具有同样长的历史；语言是一种实践的、既为别人存在也为我自己存在的、现实的意识。语言也和意识一样，只是由于需要，由于和他人交往的迫切需要才产生的。"[①] 中国古代哲学家、道家学说的代表人老子早就有言"道可道，非常道，名可名，非常名"，"道常无名"，"道之出言，淡乎其无味，视之不足见，听之不足闻，用之不足既"。

二、语言学与逻辑学

作为思维的工具，语言是思维的物质体现，思维的表达离不开语言，语言学和逻辑学之间的关联无法分割。亚里士多德在古希腊便通过逻辑来研究语言。18世纪以来，语言学和逻辑学呈现出融合趋势，这种融合趋势在21世纪取得了突破式进展。逻辑语言学和语言逻辑学就是这一突破进展的证明，这两门交叉性新兴学科其中一门为另一门学科提供素材和分析方法。

三、语言学与考古学

考古学离不开语言学，因为考证人类社会发展时离不开对古代语言的研究；语言学也离不开考古学，因为研究人类语言的起源和发展演变离不开对考古学的研究。

四、语言学与社会学

语言其本身就是社会的一部分，语言学和社会学之间的关系是不可分割的。

[①] 马克思，恩格斯. 马克思恩格斯选集 [M]. 人民出版社，1972.

一个人的用语可以反映出他的社会地位和文化素养。语言的差异往往会形成不同的社会集团。将语言学和社会学相结合，这就是社会语言学的由来，它结合社会环境，将语言结构运用到各个方面，对语言和社会、语言与阶级、语言与性别、民族、职业等一系列社会问题进行研究。同理，历史语言学、文化语言学、心理语言学等交叉性学科也是由语言学与历史、文学、文化、民族、心理等相结合而诞生的。

五、语言学与自然科学

语言与社会科学和自然科学皆有关系，这说明它具有社会和自然双重属性。信息论认为信息的"编码—发送—传递—接收—译码"这一过程就是语言运用的实际过程：说话者需要在语言中寻找相关词语并按照语法进行编排，这就是信息编码；随后通过人体本身的发音器官将信息发送出去；该信息通过空气等媒介进行传播从而传递给听话者；听话者的听觉器官完成对信息的接收；译码在接收信息后开始进行，最终还原成说话者的编码。

这个过程中的每一阶段都需要专门的研究，且需要其他学科的配合与协作，而无法单靠语言研究来完成。例如，发音原理和听觉接受需要生理学科和心理学科的配合，声音传递需要物理学科的帮助，人体中枢神经系统的生理基础需要神经学的协作，有关失语症的判断和治疗通过病理学来研究，语言的编码和译码也离不开情报学，数学把语言看作素（elements）及其可允许组合的一套数学体系等。以上学科与语言学的交叉形成了实验语音学、心理语言学、神经语言学、病理语音学等交叉学科。1940年以来，人类社会走上了高速发展的全新阶段，随着科学技术的迅猛发展，交际过程中的机械化、自动化成为某些领域的确切需求，因此语言研究与通信工程等学科之间产生了密切的联系。例如，录音设备的发明满足了改进语音传递方式的需求，激光通信设备被成功研发；对于通信质量的需求是需要解决通信清晰度的问题，信息压缩问题则是为了满足提高通信线路效率的需求。再例如深海、高空及外层空间中的通话，周遭极度喧闹环境下的通话，通信的保密等，也都有着各自的特殊问题。这些特殊问题的解决离不开声学、无线电电子学、实验语音学、通信技术、信息论、控制论、符号学等学科；在解决这些问题时又往往需要最新的语言研究成果，特殊要求也随之面向了语言研究。例如，语言信息的处理需要将语言符号转换成各种代码，如何有效地编码、译码，便于在机器中使用，就产生了计算机、数学与语言学的结合，出现计算语言学。语言学正在日益开拓它和现代科学技术的协作领域。

综上所述，语言学作为一门既古老又年轻的科学，与社会科学和自然科学之间联系紧密。语言学的研究成果已不局限于语言学本身，它被越来越多的学科关注和运用，在整个科学体系中的地位都不容忽视。

第三章 英语语言学的多维研究

本章内容为英语语言学的多维研究,主要从五个方面进行介绍,分别为英语语言学的语音学研究、英语语言学的词汇学研究、英语语言学的语法学研究、英语语言学的语义学研究、英语语言学的语用学研究。

第一节 英语语言学的语音学研究

一、语音学基础理论

语音是一种具有自然属性和社会属性双重属性的声音。和自然界的其他声音一样,语音也是因某些物体的周期性振动而引起的空气粒子的振动,是有自然属性的声音;而语音的社会属性主要体现在人与人的相互交流方面,其作为普世性的语言符号的物质性组成部分,承载着各种社交信息。从自然属性出发,研究所有人类语言的语音,属于语音学的研究。从社会属性出发研究语音在具体语言系统中所起的作用,属于音系学的研究。

(一)语音学

语音学(phonetics)是专门研究全体人类各种语言发音的各个方面的学科,主要分为语音特征、发音机制和其在交流对话中的变化规律,并且涉及发音动作(生理现象)、语音特性(物理现象)及听觉感知(心理作用),于是很自然地形成了语音学的三大分支学科:言语生理学(speech physiology,也称为生理语音学),声学语音学(speech acoustics),心理语音学(psychophonetics,也称为感知语音学)。

科技进步推动着医疗器械技术的进步,如今学者们可以借助各种仪器观察发音器官的动作，并依据生理学、生物学等多方面理论研究其具体功能，作为研究语言产生形式和感知途径的学科，生理语音学由此产生，包括以下三方面的内容：与发音器官相关的生物学，与听音器官相关的生物学，语音在生理学角度的分类（元音与辅音）。

生理语音学的建立大致在 100 多年前，主要借助 X 光对发声动作进行观察。

声学语音学与物理学紧密相关，通过声学的角度和方法、利用新式探查仪器对人类的语音展开观察、分析和研究，主要方向包括语言声波的产生形式、传播途径及清浊音在物理学层面的区别。这门学科的价值在于使短暂且不易观测的语音现象以更加清楚直观的方式呈现，帮助语言学者更精准地了解并描述其不同的方面。

本学科主要研究语言的感知过程，寄托于生理学和心理学。我们知道，语音以声波形式发自说话者口中，通过空气、电波等媒介抵达听话者耳朵处，再在接收者的耳和脑中经由神经传导、解码等程序得以解读。感知语音学的研究对象就是这个传递过程，以及语言的感知系统，其意义主要体现在语言教学和语言学习等方面。

总体而言，语音学研究所有语言的产生、语音特征、听觉感知，针对的是语音的自然属性，与相关自然科学结合较为紧密。

（二）音系学

1. 研究内容

音系学（phonemics）或音位学（phonology），主要研究各种具体语言的语音系统，分为当代语言语音系统和语言的历史语音变化两个方向。此学科现代意义上的研究可追溯到 19 世纪末期。波兰语音学家博杜恩·德·库尔德内和学生克鲁舍夫斯基首先提出了"音位"的概念。这门学科旨在针对具体一门语言的语音系统的研究，提出共性的理论。

从语言的自然属性来看，世界上有不同语言在语音上相似甚至相同，但因其语言系统的区别，不同语言结合语音的方式、单独的语音所代表的语义都不相同。如英语中 g、k、h 可以与 i 相拼，而汉语普通话则不行，同样是 [pen]，在英语中是书写工具，在汉语普通话中则是盛水的器皿。这些现象都和具体民族的思维习惯、社会背景等紧密相关。所以音系学的出发角度是语言的社会属性，主要研究具体语言的语音系统，如通过哪些语音来区分语义、如何划分具体的音位、如何对音位进行组合等。

2.同语音学的区别和联系

音系学和语音学在内容上有交集，但本质上仍是各自独立的两个学科，分别有其专门的研究领域。

音系学是语言学的核心，主要内容是各种语言系统如何组织语音；语音学则以间接形式联系着语言学核心，语音本身的自然属性是该学科主要的研究对象。

在此基础上，音系学和语音学紧密相连，不可划分而论。音系学重点研究具有自然属性的语音如何在确定的语言系统中发挥作用，故此首先要了解的概念就是语音的自然属性；而语音学正是研究语音自然属性的学科，并为语音的社会属性方面的研究奠定基础。二者的交集点由此体现。

除了上述内容，两个学科在研究手段方面也存在联系点。例如，从对语音片段进行切分得出的最小单位来看，两个学科得出的单位既有交叉又有区别。

（三）音素和音位

1.语音学上的音素

语音学的两个基本研究方向是语音的自然属性和人类语音间的共性。本学科的研究中，语音片段在时间上被划分为最小的线性单位，这种单位被称为"音素"，是音质上最小线性的语音单位，也是人类语言中构成音节的最小单位或最小语音部分。各种学科在表述自己的研究对象时经常将其按最小单位划分，之后就这些最小单位的性质、彼此之间的联系、排列组合的规则等展开研究。而语音就是语音学研究对象——语言的最小单位，它是从连续的话语中摘取并归纳得来的。普通人从自身语言中能够直观感觉到的最短小的语音单位则是音节。例如，表示"社会"这个意思的词，汉族人感到汉语里的 she hui 是两个音节，法兰西人感到法语里的 so-ci-é-té 是四个音节。可是音节还不是线性音流的最小单位。例如，汉语里的"贺"（hè）和"户"（hù），如果不考虑声调，它们开头的音都是 h，只是后面的音不同，一个是 e，一个是 u，e 和 u 不能再分。同理，"贺"（hè）和"户"（hù）中的前一个音 h 也不能再分。因此，从音流在时间维向的线性切分来看，e、u、h 是三个最小的语音片段，即音素。

2. 音系学上的音位

音系学研究语音的社会属性和其在具体言语中的作用效果，也同样从"能区分词语语音形式"的要求出发，将语音片段划分为尽可能小的线性单位，这种单位就是所谓的"音位"。例如，在"安"中的 a 因为 n 的发音部位较靠前而具有独特的自然属性，在"肮"中的 a 因为 ng 的发音部位较靠后而具有与"安"中的 a 不同的自然属性。那么，从自然属性来划分的语音学，必然要把它们划分成两个不同的音素；而我们在实际交际过程中，几乎没人去关注"安"和"肮"中的 a 的不同，它们不能区分"安"和"肮"，而是承担起了区分这两个音节的作用。所以，以语音在具体语言中的作用为研究对象的音系学，就没必要将这两个 a 区分开来，它们可以归为一个音位。

3. 音素和音位划分的不同

语音学中的音素和音系学中的音位，二者的具体划分过程并不完全一致。一般来说，音位的划分方法是"逐级切分"和"替换"。例如，"今天星期一"这个语音片段，我们可以很自然地将它先切分为五个音节，具体的某一个音节，又能切分为声母和韵母两部分。以"今"为例，声母为 j，韵母为 in。很明显 j 没法再细分了，从作用上来看，如果把 j 换成 q，再和 in 组合，整个语音形式和它表示的意义就都发生了变化，所以 j 是具有区分词的语音形式的不能再细分的单位，它就是一个音位。而利用替换法，则能进一步对 in 进行分析，如可以把 i 换成 e，而替换之后，in 和 en 代表的语音发生了变化，表示的语义也变了，因而 i 是具有区别词的语音形式的单位，即音位。

音素也可以通过是否为一直往下切分前提下的最小来判断，但这种"最小"是自然属性意义上的，与其是否区别词语的语音形式无关。在研究语音的自然属性的过程中，学者们可以借助各种先进仪器，以达到更好的观察效果。基于此，我们可以认为两个完全一样的音素是不存在的，但无止境的划分并不利于科学研究。因此，语言学家们往往忽略极其相近的语音间的微小差别，仅用切分法按最小程度划分语音片段。

如果我们再深入一点看待问题，就会发现，对音素的判定用的是实实在在的切分法；而对音位的判定，则是在切分的基础上，采用了归纳的方法，因为在实际交流中，可以被归纳为一个音位的两个或多个音素，以"安"和"肮"中的 a

为例，是不可能在时间上重叠为一个片段的。于是，换一个说法也许更能清楚地表明音素和音位的区别：音素是把一个语音片段切分到最小得出的基本单位，而音位则是在切分出来的音素基础上，把不具备区别词的语音形式用的音素归纳起来得到的音系学上的基本单位。这样就得出了音素和音位的两种对应关系：音素1+音素2+音素3……（数量有限制）=音位。

总之，音素是所有语言的最小语音单位，是某种程度上的绝对最小语音单位；而音位是某一种具体语言中的能够区别词的语音形式的最小语音单位，具有相对性。

二、元音和辅音

（一）元音

1. 元音的概念

音素是人类语音的最小单位，但它又能按照发音器官紧张的程度、气流是否受阻碍和气流的强度这三方面，划分为元音和辅音。发音时器官各部位均衡紧张、气流通过口部不受阻碍、发音气流偏弱的音素就是所谓的元音。

共鸣腔的不同形状是元音之间差别的来源，这种形状包括共鸣腔的咽腔、口腔、鼻腔三个部分，其中口腔形状最为主要，决定着一般元音的差别。人类改变口腔形状一般采用三种方法。

第一，开口度大小，即嘴巴张开大小的程度。

第二，舌位的前后，即舌面最高点在舌面上的位置（前或后）。

第三，嘴唇的圆展，收拢或者展平嘴唇。

这三个因素可归纳为舌位的高低、舌位的前后、嘴唇的圆展。

综上，舌位的高低和前后、嘴唇的圆展三方面因素共同影响着元音的发音。

2. 英语元音的分类

（1）依据口腔位置高低区分的元音

发音时舌头在口腔中的高低位置区分出了下述三种元音：

①前元音：/iː/，/i/，/e/，/æ/。发音时舌体最高点处于口腔的水平方向，舌体自然平展，舌尖轻触下齿。

②中元音：/ɜ:/，/ə/，/ʌ/。发音时舌体最高点处于口腔的中部，舌中部隆起，稍显紧张，气流自口腔流出。

③后元音（也称为软腭元音）：/u:/，/u/，/ɔ:/，/ɔ/，/ɑ:/。发音时舌体最高点处于口腔的后部，舌头后缩，舌尖向下，舌面后部对着软腭抬起。

（2）依据音质稳定程度区分的元音

发音过程中音质的稳定程度将元音区分为单元音和复合元音。

①单元音：其音质改变在发音时很难察觉。

②复合元音：又分为二合元音和三合元音两种。因为其音质在发音过程中的连续改变可直观感觉到，所以可被视为滑音，二合元音又叫"滑元音"。

单元音一般用一个音标符号标记，复合元音则用两个或三个，但复合元音并非是单纯两个或三个元音的结合。这是因为，两个语音节点中间的一系列音也会体现在复合元音中，它们没有被标记出来并不代表不存在，而标记复合元音的音标符号仅指出了复合元音音质变化中的"节点"，没有指出这些节点之间的语音。举例说明：普通话中"阿姨"和"爱"的发音都由"ɑ"和"i"构成，但并不相同："阿姨"（[ɑ]+[i]）是两个分开的单元音，"爱"[ɑi]）则是一体的复合元音。

（3）依据唇形圆润与否区分的元音

元音发音时，唇形的圆展状态结合唇位，可将元音划分为圆唇音、中性唇元音和非圆唇音。

①圆唇元音：/u:/，/u/，/ɑ:/，/o/。发此元音时唇形舒展放松，嘴唇撮圆。

②非圆唇元音：/i:/，/i/，/e/。与前述的圆唇元音相对，发音时双唇展开呈扁平状或保持自然状态。

③中性唇元音：/æ/，/ɑ/，/ɑ:/，/ə:/，/ə/，/ʌ/，/ɛ/。发音时双唇的开启和圆润程度介于前述两者之间。

（4）依据舌尖情形区分的元音

发元音时舌尖的具体情况是区分舌面元音和舌尖元音的关键。舌面元音主要通过舌面改变共鸣器形状发音。舌位的高低、前后和唇形的圆展程度又可以划分为不同的种类。

19世纪末，英国语言学家D. 琼斯（D.Jones）以口腔横截X光相片的形式展示了8个基本元音的近腭点（舌面离上颚最近点），并将其做成舌位图（图3-1-1）。

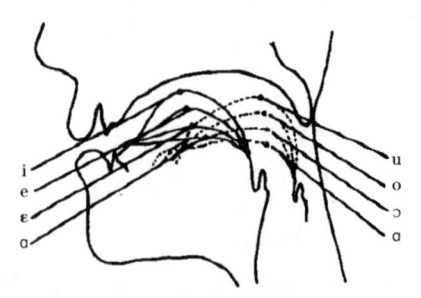

图 3-1-1　基本元音近腭点舌位图

8个基本元音是元音的基础，其余所有元音的位置都可参照它们的位置。

如图 3-1-2 所示。途中四根横向线分别代表高、半高、半低、低元音的位置，三根纵向线代表前、中、后元音的位置。纵线的左侧标志的是不圆唇的位置，对应的纵线右侧标志圆唇的位置。

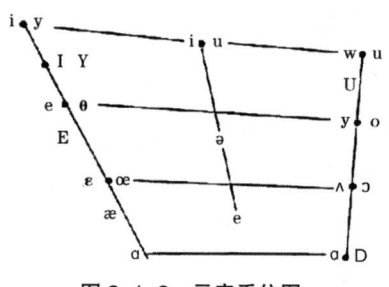

图 3-1-2　元音舌位图

（5）依据发音持续时间区分的元音

元音发音持续的时间将元音划分为长元音和短元音。

除上述两项以外，元音中还包括一种比较特殊的双元音。发音规律是一个元音向另一个元音滑动，前一个比后一个的发音时间要更长。

（6）依据发音时声道肌肉紧张程度区分的元音

元音还有一种"松元音"和"紧元音"的划分方法，其依据主要是发音过程中声道腔壁肌肉的紧张程度。有一些语言的音系内部元音存在松紧之分，如英语单词 beat 的发音是 /bIt/，当中的 /I/ 是紧元音，bit/brt/ 中的 /I/ 则是松元音。不同的语言、方言中也存在不同音系的元音松紧的区别。以汉语而言，我国北方方言多含松元音，紧元音主要体现在北部吴方言当中。

不同的作者曾采用过诸多不同的符号作为英语元音符号，这一点值得注意。本文采用 Wells（2000）的符号体系（图 3-1-3）。但是，此表并非完全来自国际音标表，而是出于将问题简单化的目的的变通版本。

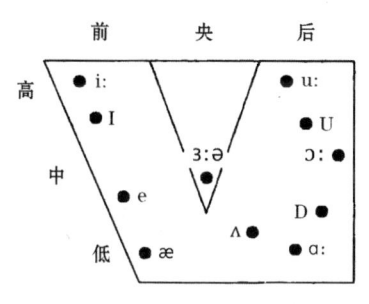

图 3-1-3　英语元音划分图

综合前文所述，英语元音较为准确的描述如下：

/i:/→高前展唇紧元音（high front tense unrounded vowel）；

/ə/→中央展唇松元音（central lax unrounded vowel）；

/ɑ/→低后圆唇松元音（low back lax rounded vowel）。

英语元音的"非圆唇"常常可以省略，因为其所有的前元音都不是圆唇音。

（三）辅音

1. 辅音的概念

气流通过发音器官的过程并不一定时刻通畅，有时会在某一部位遇到阻碍，受到阻碍的发音器官也会紧张，需加以克服才能发音。辅音就是为克服这类阻碍，呼出加强气流而发出的音。这一过程中阻碍发音的部分就是辅音的发音部位，气流突破阻碍的办法就是辅音的发音方法。

2. 辅音的发音部位

肺部呼出的气流通过声带进入口腔、鼻腔，最后排出体外。在这一过程中，气流会碰到不同部位的阻碍。下面以气流流出时被阻碍的顺序进行介绍：

（1）声门

气流经过声门会受到一定的阻碍，有些学者将声门称为喉门，克服这个部位的阻碍而发的音叫喉音。比较常见的喉音是英语、德语，日语等语言中的 [h]，发此音时，将嘴尽量张大，舌位向后，放低，让气流和张开的声门发生轻微摩擦。

（2）舌面后

气流通过声门后进入口腔，面临的第一个发音部位就是舌面后，有些学者也把它叫作舌根。基本上所有语言都有舌面后辅音，发音时舌面的后部上抬，向软腭靠拢并阻碍气流。

（3）舌面前

舌面最靠前的部分叫舌面前，它和齿龈与硬腭的交界处相配合来节制气流，就可以发出舌面前音。

（4）舌叶

舌面前的前面统称舌冠，而舌冠相对靠后的部位叫舌叶，最靠前的部位叫舌尖。将舌冠平展上抬，和齿龈后部位会形成一条线状的接触带，从而节制气流，发出舌冠—齿龈后音，也就是通常说的舌叶音，如英语中 china、ship、bridge 中的 [tʃ]、[ʃ]、[dʒ] 都是这一类音。

（5）舌尖

舌冠的最前部即舌尖，它是最灵活的发音部位，可以和其他多个部位相配合来节制气流。如果将舌头卷起，将撮尖的舌尖向后翻上顶住上齿齿龈较后的位置，就可以发出顶音或者卷舌音；由于用到的舌尖部位相对靠后，所以也称舌尖后音。如果舌尖抵住上下齿之间的部位，就可以发出齿间音，如英语 father[fɑːðə(r)] think [θɪŋk] 中的 [ð]、[θ]。

（6）嘴唇

气流再往前会受到嘴唇的阻碍。其中，由上齿和下唇配合形成阻碍而发出的音叫唇齿音，如英语的 f、v。由上唇和下唇闭合形成阻碍而发出的音叫双唇音。

3. 辅音发音方法

由于发音部位的不同，形成的阻碍也就不同，突破这些阻碍的方法也就相应地产生区别，从而产生不同的辅音。辅音的发音方法主要有以下几种：

（1）清音和浊音

辅音的发音体阻碍气流的发出，但有时也参与发音，造成声带的震动。发音时声门微闭、气流上来后引起声带颤动的辅音叫作浊辅音，简言之，声带颤动则为浊辅音；发音时声门大开，气流上升不会引起声带颤动的音叫作清辅音，简言之，声带不颤动则为清辅音。

（2）送气与不送气

送气和不送气是一组相对应的概念，有送气的音就有不送气的音与之对应；如果没有与之相对应来区别的音，就不存在送气和不送气的问题了。在发送气音的时候，喉头同时带有类似于发 [h] 时的摩擦，因此，新修订的国际音标上标的"h"来进行区分。

（3）塞、擦、塞擦

"塞"意为"闭塞"。在发音时，发音器官将某两个有一定距离的部分极力靠拢，从而完全封堵气流通过的途径，致使气流堵在口腔，对口腔造成很大的压力；然后突然放开通道，让高压下的气流突然冲出，这个过程，有些学者称之为"爆破"，所以，塞音也被称为爆音或者爆破音。"擦"就是摩擦，与塞音完全堵住通道再突然爆破不同，发擦音时是将发音器官某两个部分靠近，但会留出一定的缝隙让气流通过。气流通过狭窄的缝隙时就会发生摩擦，这种发音方式发出的音被称为擦音。塞擦音则指清浊一致、发音部位相近或相同的一个塞音和一个擦音在同一发音过程中紧密结合而发出的擦音。发音的过程中，前半段按照塞音的方法完全堵住气流，后半段换用擦的方法释放气流。由于塞擦音是两个发音过程的组合，所以，在国际音标中都是用两个音标符号组合的方式来标示的，比较容易分辨和记忆。

（4）鼻音和口音

在辅音发音过程中，软腭下垂从而导致口腔闭塞，气流转而从鼻腔释放，这样发出的音称之为鼻音；反之，如果软腭上抬，堵住鼻腔通道，气流只能从口腔流出，发出的音就叫作口音。需要说明的是，口音和鼻音是发音方法的区别，不能因为口和鼻是身体部位，就以为它们就是发音部位的区别；此外，口音和鼻音的区分较为广泛，但由于鼻音较少，所以一般只特别关注鼻音，较少谈到口音，通常来说，辅音只有鼻音和口音之分。

（5）颤音、闪音或搭音、边音、近音和半元音

①"颤"就是颤动，它是舌尖，小舌在十分放松并有气流冲击的状态下连续颤动而发出的音。例如，法语中的 r 是小舌颤音 [R]，俄语中的 p 是舌尖颤音 [r]，德语中的 r 则可以是舌尖颤动，也可以是小舌颤动。

②闪音或搭音是舌头颤动一次发出的音，如英语中 very 中处于弱读状态的 r[r]。

③边音是在舌头的中间位置堵住气流通道，让气流从舌头两边流出而发的音。

④近音和半元音介于擦音与高元音之间，发音通道留有比擦音略大，但又比

高元音略小的缝隙。所以，气流通过时受到的阻碍小于擦音而大于高元音，显得略有摩擦。但近音和半元音略有区别，近音的舌头状态与辅音相似，而半元音的舌头状态与元音相似。常见的近音如英语中非弱读音节的 r，以 red 为例，这个 r 就是一个发音部位与 z 相同（即齿龈后）但摩擦更小的近音 [r]。常见的半元音如英语 yes 中的 y[j]、walk 中的 w[w]，就分别是与前高不圆唇元音 [i] 和后高圆唇元音 [u] 发音姿态相同但摩擦略大的半元音。此外，由于舌头两侧有气流通道，发边音时的气流摩擦较小，所以，边音也被称为边近音。

4. 英语辅音的分类

（1）发音部位的区别

不同的发音部位将英语辅音分为下列九种：

①双唇辅音：/p/，/b/，/m/，/w/。上下唇接触，使气流受阻而发出的辅音。

②齿音：/θ/，/ð/。用舌面或舌尖抵住门牙或门牙附近发出的音。

③唇齿音：/f/，/v/。上下牙齿接触，使气流受阻而发出的辅音。

④喉音：/h/。气流受阻于声带所发出的辅音。

⑤腭龈音：/ʃ/，/ʒ/，/tʃ/，/dʒ/。也叫"前硬腭音""舌面前音"，发音时舌面前部上升，接近硬腭前部。

⑥齿龈音：/t/，/d/，/l/，/s/，/z/。发音时要用舌尖顶住上齿龈。

⑦软腭音：/k/，/g/，/ŋ/。发音时用舌面后部接近软腭。这种音在中国古代称为"牙音"。

⑧后齿龈音：/r/，/tr/，/dr/。发音时舌叶接近或接触齿龈脊部位。

⑨腭音：/j/。顾名思义，发音时气流通过腭部。

（2）发音方法的区别

不同的发音方式将英语辅音划分为下列五种：

①爆破音：/p/，/b/，/t/，/d/，/k/，/g/。发音时在口腔中对气流形成阻碍，然后使气流突破阻碍。有"不完全爆破（incomplete plosive）"的概念，即不让气流完全突破阻碍，而只让发音器官在口腔中形成阻碍，稍微停顿后马上过渡到后面。

②塞擦音：/tʃ/，/dʒ/，/tr/，/dr/。发音时，最初完全闭塞阻碍部分，随后渐渐打开闭塞处，让气流从间隙中释放，并产生摩擦。

③鼻音：/m/，/n/，/ŋ/。发音时口腔软腭下垂，阻塞气流流通，气流通过鼻

腔释放。

④边音：/l/。发音时要阻塞气流路径的当中部分，使气流从舌头的两边通过。/l/ 是英语中唯一的边音。

⑤擦音：/f/, /v/, /θ/, /ð/, /s/, /z/, /ʃ/, /ʒ/, /h/。发音时要聚拢两个发音器官，将通道缩窄，使气流通过时形成湍流，从而产生摩擦。

⑥无摩擦延续音和半元音：/r/, /w/, /j/。发音时气流受到的摩擦很少或没有摩擦。

/r/ 是无摩擦延续音，兼具元音和辅音的部分特点，这个音在发音上接近于前者，而作用更接近后者。/w/ 和 /j/ 被称为半元音，本质是一种元音过渡音，其作用等于辅音，但根据语音描写方面的观点，这两个音与元音更接近。

（3）声带状态的区别

值得一提的是，在发出辅音时，在同一个发音部位用同一种方法发音可以发出两个相对的清辅音和浊辅音，如 /f-v/,/t-d/。二者的区别主要就在于声带的状态，发清辅音时，因声带相对松弛，声门打开，气流释放比较顺畅，因此声带基本不会振动；发浊辅音时，声带收紧，声门收缩，气流在突破限制时使得声带振动。

英语中辅音的清辅音和浊辅音划分如下：

①清辅音：/f/, /p/, /k/, /t/, /θ/, /s/, /ʃ/, /tr/, /tʃ/, /h/。

②浊辅音：/b/, /g/, /d/, /v/, /z/, /ð/, /ʒ/, /dr/, /dz/, /dʒ/, /m/, /n/, /ŋ/, /l/, /r/, /w/, /j/。

发音器官肌肉的松紧程度也是划分清浊辅音的重要因素。清辅音一般是送气音，发音时发音部位并不过分紧张，因此清辅音又称之为"弱辅音"；而浊辅音的发音往往不需要送气，发音时发音器官肌肉高度紧张，因此和清辅音相对，浊辅音又叫"强辅音"。

三、语音组合

（一）音节

人类语音最基础的结构单位是音节。汉语中的单独音节通常也是独立语素以语音表达的形式，往往在文字上对应一个单独的汉字。发音时发音部位往往松紧交替地有序振动，音素在同一松紧过程中的动作联系比较紧密，所发的语音给人的直觉听觉感受是一个个分离的片段，称之为"音节"。总而言之，音节是语音的音位组合中最小的结构单位。

音节由多个音位结合而成，根据语言本身的不同各有特点。音节在定义上主要与三个方面有关：音节组合位置的数目、组合位置的确定方式及每种组合方式中出现的音节和其位置。

每一个语言的音系都有专有的组织方式，主要分为音节的组合结构和处在语音位置上的聚合类，每种语言中的"音"的活动方式就由所属语言的此种方式决定。

（二）语流音变

音位在彼此组合时常有临时性变化，称为"语流音变"，这主要是受话语的语速、力度、高低等因素以及邻音的影响。语流音变通常分为四种：同化、异化、弱化、脱落。

同化指一个音位在某一特征或音位整体方面趋同于相邻音位，是语言中出现非常频繁的语流音变现象。

异化现象在语言中的出现频率不及同化现象，但这也是一种相对常见的语流音变。具体含义是：两个相近或相同的音位连在一起发音比较困难，于是其中一个的发音改变，以区别于邻近音，可以说，这一现象与同化现象刚好相反。

弱化现象在语言中有着多种多样、程度不同的表现，在轻声或弱读音节中比较常见。弱化现象在元音发音中往往表现为复元音的单化和单元音（除高元音 /i、u、y/）的央化。

除英语单词 America 开头的弱读音节 A 外，有指定语法意义的词一般要求弱读。有几十个常见的英语语法词兼有弱式发音和强式发音，最常见的弱式发音是央元音 [ə]，出现在三个使用频率最高的冠词中（表 3-1-1）。

冠词	强式发音	弱式发音
a	[ei]	[ə]
an	[æn]	[ən]
the	[ði]	[ðə]

表 3-1-1　英语冠词的强式发音和弱式发音

汉语的"了、着、的、得"和"什么、怎么、为什么"的"么",现在的韵母都是单个央元音[ə]。但历史文献表明,它们的韵母原来是不相同的,除"么"外原来还都是复元音韵或有塞尾的入声韵。由此可见,它们在历史上也经历过英语这样的强弱两式并存的阶段,最后只留下了弱式。辅音的弱化现象往往是其发音过程中阻碍的减少,如清辅音和浊辅音的互化、塞音或擦音和边音或近音的互化、塞擦音和塞音及擦音的互化。英语中处于两个元音之间的、弱读音节中的首音 t 经常弱化为搭音。

过于明显的弱化会导致某些音位脱落,甚至改编音节的分界,或将两个不同的音节合并为一个,最后一种情况称为"合音"。英语里弱式发音的词也会发生音位的脱落和音节分界的变动及合音。比如,am/æm/ 的弱式发音是[əm],其中的[ə]还可能脱落而只剩下 /m/;is/iz 的弱式发音则是脱落了[i]的 /z/。

语流音变反映了人类语言系统的弹性和丰富性,其形式在语言中非常重要,是语言学习中除音位及其组合聚合规律外另一项不可缺少的内容。

(三)韵律层级

语音的四要素分别是音质、音高、音强和音长,这其中后三者统称超音质要素,在音位方面的作用表现为区分语素和每个词语的语音形式,并决定语言特有的节奏,起到大于音节的韵律单元的作用。韵律单元通常关系着大于单独的语素或词语的语法单元以及语用义。其基本内容和简单实例如下:

不同的语言在节奏上给人的感觉也不同,如汉语(北京方言)和日语,普通人在听到这两种语言时可以非常直接地感受到节奏上的区别。这种"节奏"是狭义上的节奏,与音乐学上的节拍非常接近,具体指音流中的一部分超音段要素间隔定量的时间、周期性地重复出现,可以对应特定的节拍。

语言节奏分为"音节(韵素)型节奏"和"音步型节奏"两大类。前者可理解为中国戏曲中的"有板无眼",即只有强拍,没有明显的强弱之分,此类型的语言包括法语、韩语和汉语中的广东话等;后者则对应"一板一眼"或"一板多眼",即强弱交替,通常指将两个音节组合在一起,形成更紧密的小语言单元,英语和汉语中的北京话属于这种节奏。

在上述的音节型节奏示例语言中,法语词语音节的轻重长短都彼此接近,而且每个音节的时间间隔都基本一致,只有词末音节是同重音,节拍的强弱并不突出。日语中，短元音韵的音节长度都是一致的，鼻尾韵音节和长元音的长度等同于两个短元音音节的长度。语言的韵中的每个音位被称作"韵素"（mora），可以说，日语韵素的轻重和长短基本不发生变化，间隔的时间也相同，不区分强拍和弱拍。

音步型节奏的示例语言—北京方言或英语中—语流的音节间大约每隔两个就会稍微调整轻重、长短、高低或松紧状态。顾名思义，其节奏单元称为"音步"，每两个音步（但有时也可能是一个或三个，前者自成一单元时必定会有所加长，后者则会相应缩短）组成，每个单元基本长度一致，间隔距离也一致。比如，如果以（）表示音步的界线，则北京话的"（买了）（桃）（五斤），（其中）（蟠桃）（两斤），（水蜜桃）（三斤）"。这句话中，单音节的"桃"明显长于"蟠桃""桃"，"蟠桃"中各音节的平均长度又长于"水蜜桃"，三者的长度比大致为 1 ∶ 0.73 ∶ 0.66，这与日语中每个韵素等长、法语中每个音节等长有很大的相同。

这两种韵律单元同词法、句法的关系非常紧密。现代汉语中同一个内容或意象可表达为单音节和双音节两种词汇形式，而这两种形式在词语、语句、语境中的表达效果并不相同。

以"租"和"出租"举例说明："租房屋"的形式是"动词＋宾语"，只能成为一个动词性词组；但"出租房屋"可以作为名词性结构来使用，甚至后者在汉语中的使用频率更高。类似实例还有："花店、鲜花商店、鲜花店"是比较容易被接受乃至更常用的说法，但很少有人会说"花商店"；表示动作可以说"栽树、栽培树木"，"栽培树、栽树木"却不常用。"禁止说话、无法学习"都可以单用，但"禁止说、无法学"不可以。

汉语文体也影响着单双音节的使用。比如，前例中的双音节词"栽培""树木"属于书面词，而单音节词"栽""树"在口语中出现得更多。更宽泛地举例：书面语体"我方同您意见一致，当下不应前往该地区"和口语化的"咱和您想法差不多，这会儿甭去那地方了"表达的核心内容一致。可见，单双音节的使用关系着汉语的正确性和流畅度，在不同场合下的应用也值得深究。

语言中有比音步更大、更高级的韵律单元，如汉语中的"停延段"，即用"停延"分开的韵律单元，但其内容和形式因语言区别而不同，十分复杂，下文仅以汉语（北京方言）为例："停延"分为"停顿"和"延宕"，均大于音步，"停延"

指语段结束后即刻终止发音;"延宕"指延长语段结尾音节的韵母。

此外,还存在大于停延段的"语调段",依此推进,一个及一个以上的停延段形成了这种韵律单位。语调段的最后都有语调曲线,用以表达语气。

各种不同韵律单位的意义在于更大的语法单元(如语句)的分界,传达更加高级的语法及含义。有一则以"断句"为核心的经典典故:"下雨天留客,天留人不留"和"下雨天,留客天,留人不?留!",两句话字词和排列完全一致,然而因停延的不同表达出相反的含义,非常生动地反映了音步和停延段对语句含义的影响。从中也可以看出中国古人对语言节奏的重要性的认知。

需要强调,音步及停延段的边界不等于语法单位的边界。以实例说明:"来了一位长发少女",朗读上的韵律停延应在"一位"一词的后面,读作"来了一位/长发少女";但语法上的边界应在"来了"之后,因为"一位长发少女"组成一个语法单元。"来了"和"一位"在这个句子中的语法关系虽然相对独立,但在韵律上被划分进同一个停延段。语言学家近年来致力于探寻、总结韵律单元与语法单元边界间差异的规律,这也可以说是语言学韵律研究当中的焦点问题,对"文字转语音"等信息处理技术大有帮助。

四、超音段特征

超音段特征是指超过话语中一个以上的语音的特征。主要的超音段特征有音节、重音、声调和语调。

(一)音节结构

音节(syllable)是学习超音段特征的一个重要单位。在英语中,一个词可能是单音节(monosyllabic)(只有一个音节,像 cat 和 dog)或多音节(polysyllabic)(不止一个音节,像 transplant 和 festival)。

构成音节的要素必须包括一个节峰(peak)或音节核心(nucleus),而这二者的构成要素往往是元音。不过这并不代表辅音完全不能起到这种作用,[m, n]就可以作为音节核心,英语单词 bottom [bɒtəm] 和 cotton [kɒtn] 就是实例。

当我们说像 bed、dead、head、fed、led、said、red、thread、wed 这些词押韵时,其"韵脚"是指每个单词开头的辅音或辅音丛后的元音一致。按照这种规律,一个音节可以被分为韵脚（rhyme）和节首辅音（onset）两个部分。

对于音节来说，音节核心是必须要有的，而节首辅音和结尾音节是可以没有的。没有结尾音节的音节便是开音节（open syllable），而含有结尾音节的便是闭音节（closed syllable）。

不同的语言使得多种不同种类的音节成为可能。英语中节首辅音位置的内容并不确定，可能包括两三个辅音连缀；也可能没有内容，仅是空位。而末尾的音节位置则能包含四个辅音。然而，普通话的规律最多允许节首包括一个辅音1，结尾的音节只能是［n, ŋ］两个鼻音。因此，普通话音节可表征为（C）V（C）。

关于音节构成成分，目前尚未有一致的意见。因此，多音节单词音节的划分要根据某些原则，其中之一便是最大节首原则。该原则规定：当需要对辅音位置做出选择时，它应该在节首而非结尾。

（二）重音

重音是指生成音节的语力强度。在音标中，一条提高的垂直线［'］被置于相关的音节之前，用以标记区别音节是否重读，并着重标记重读音节，可见重音只是音节之间比较后得出的相对性概念。

英语的重音规则相对复杂，英语单词中的重音，重音理论上处在任何音节中都有可能。它们也会随着历史而发生改变，并且在一定程度上展现出地域的差异。譬如：in'ltegral、for'midable、co'mmunal 和 con't troversy 都成为常规，而 'integral、'formidable、'communal 和 'controversy 常被认为较为保守。讲标准英式英语和标准美式英语的人在这些词的重音模型选择偏好方面也有所不同，'debris（英式英语）、de'bris（美式英语）、la'boratory（英式英语）、'laboratory（美式英语）、'garage（英式英语）、ga'rage（美式英语）。

我们也观察到，当一个词扮演不同的语法功能时，其重音有时也会落在不同音节上。需要注意的是，重音变化也经常在复合词与词组之间发生。blackboard（黑板）是教室里老师用作板书之物，而 black'board（黑色的板子）则是一块黑色的板子。

句子重音更有意思。通常情况下，实义词一般重读，而结构词不重读。不过，句子重音常被用于表达惊讶的情感或者对某个词的强调等，所以实际上，重音可能会落于任何词或音节之上。

（三）语调

语调（intortion）主要是由具有往复性的升—降模型形成的，在实际的语言应用中，无论是在长短不一的词组还是在单一词语中，每组升降模型的意义都相对一致。例如：英语中的升、降调尤其包含了一组明说或者暗示的有限项目之间意义的对比。

语调的变化会给一组词的意义带来变化，当这样的现象发生时，被称作音调的不同。话语结尾处的升调常用于疑问句表示礼貌或惊奇，而降调有时则显得粗鲁和唐突。

（四）声调

汉语中，声调变化的方式是不同的，影响的是单个词的意义。在汉语普通话中，一个音节如 [pɑ] 至少有四种意思，而这不同的意思由它的声调决定。如果我们考虑到不同的汉字有相同的发音和声调，将会发现更多的意思。像汉语这样的语言被认为是声调语言（tone language）。

第二节　英语语言学的词汇学研究

作为英语的语言系统中最富活力的因素和思维交流的基本单位，词汇在学术领域受到的关注和研究日益扩大，词汇学（linguistics）由此而生。作为语言学的分支学科，词汇学专门普查、研究、表述各种词汇，同时将研究的结果加以理论化。词汇学的理论基础来自语言学，但侧重于探讨词汇相关的问题，如词的起源、结构形态、含义、语义关系和发展历程等。词汇包含形、音、义三方面的内容，是语言中直接反映现实的符号系统，对其展开研究是把握语言本质、更加熟练地习得和应用语言的需要。

一、词

（一）词的性质

语言中音义结合的、能独立运用的最小单位。词在语音上用固定的音节表示；

在意义上相对完整，且不是其构成成分的简单相加；在结构上也相对凝固，一般不可扩展或嵌入其他成分。①

在语言研究中，词有时被视作能独立发挥作用的最小符号，被用来划分、表述现实现象等，学者们在研究语言符号的意义时，往往将词作为基本单位。"词汇"指的就是同一语言中所有的词及固定用语的汇集。

按照部分语言学者的观点，语素是语言表意的基本单位，而词是能独立发挥作用的最基本的表意单位，词汇由语言中所有的词的总和构成。比如，日常生活中的句子的基本构成就是词汇。

上述理论的意义在于帮助人们从整体上了解词的含义和性质。词的性质可更详细地分为下列的三个方面：

首先，词应被定义为语法中的一种单位。每种语言的语法都包括若干个层面，可以将每个层面视为一个"级阶"，而每一个级阶的集合则形成了语言的层级体系（图3-2-1）。

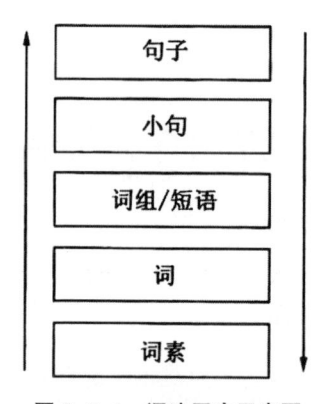

图3-2-1　语法层次示意图

可见，语法层级体系中的"词"是介于"语素"和"词组/短语"中间的，这些都是语法单位的组成部分。

其次，"词"具有两重属性，既能作为语言学术语，又可以被视为日常用语。以英语单词boy与boys来举例说明：如果将这二者看成两个词，那么就是语言学术语的角度语；如果将其看作一个词（及其变体），那就是以日常用语的角度看待

---

① 辞海编辑委员会.辞海[M].上海：上海辞书出版社，2019.

词语。

最后，词能自然而然地界定语言。人们日常的口语或书面表达有其连贯性，但这不表示当中不存在停顿和空白，可以将词视作停顿、空白当中的音段或字母组合。

（二）词的形成

构词法（word formation）是词的来源，指按照一定的规律组合字母，组成新词，其方法包括复合法（compounding）、词缀法（affixation）、转化法（conversion）、拟声法（onomatopoeia）及缩略法（abbreviation 或 shortening）等。

1. 词缀法

本法指将派生词缀（derivational affix）和词根（root）加以结合来组成新词，也称"派生法"。其中词根体现着词的核心，是词的基础。词缀法一直在英语发展变化的过程中发挥着丰富语言表现、扩大词汇量的用途。英语词汇因其庞大的数量和繁杂的内容，单独记忆每个词汇较为困难，这时就需要通过记忆词缀来掌握词汇。英语词缀可能作为前缀处于词根之前，也可能作为后缀处于词根之后。

前缀（prefix）对词的影响基本体现在词义层面，在一个词中限制或修饰词义，其作用类似副词，用来表达方式或态度。前缀很少改变词性。

前缀改变词性的情况包括 en-（或 em-）、be- 和 a-。至于连字符（hyphen）的使用，规律并不明显，有些词的前缀和词根之间要加上连字符，如 vice-chairman；有时则不加连字符，如 acentric；有时连字符是否使用并不影响词义，如 counter-productive 和 counterproductive。

后缀（suffix）与前缀相对，经常改变词性，但保留词义，因此其与词根的联系更近，往往（通过对词根的变形）与词根连在一起构成词，几乎不采用连字符。后缀往往根据构成的新词的词性分为名词后缀（noun suffix）、动词后缀（verb suffixes）、形容词后缀（adjective suffix）和副词后缀（adverb suffixes）。

2. 复合法

遵循一定语法结构将两个及以上的词组合在一起形成新词（被称为"复合词"），这种构词法就是复合法。复合法构成的复合词形式繁多，主要包括复合名词（compound nouns）、复合形容词（compound adjective）和复合动词（compound verbs）三种。

（1）复合名词

顾名思义，词性为名词的复合词就是复合名词，用复合法组成的复合名词形式相对灵活，其构成方式大致有八种：名词+名词、名词+动词、动词+名词、形容词+名词、名词+-ing、-ing+名词、副词+名词、副词+动词等。

（2）复合形容词

复合形容词的通常构成形式是在词根后面添加形容词、名词、现在分词、过去分词等，这种情况下一般保留连字符号。复合形容词往往被作为句子中的定语。一般有如下构成方式：名词+形容词、形容词+形容词、数词+名词、数词+-ed、名词+-ing、形容词+-ing等等。

（3）复合动词

复合动词在语言中的实际应用正不断拓宽，因其生动简短、形式方便记忆。这类复合词也有多种组成方式，如动词+动词、动词+名词、名词+动词、名词+名词、形容词+动词、形容词+名词、副词+动词等。

3. 缩略法

如其字面含义，简化乃至省去词的部分音节而形成的词即缩略词。以英语为例，缩略词可分为下列三种：

（1）截短词

截除原词的某处音节，或干脆"截头去尾"，这种缩略法产生的词称为截短词（clipping），也称为缩短词。具体截除方式又可以分为截除词首、句中、词尾及首尾等。

（2）首字母缩略词

即以词的比较有代表性的首字母代表一个词组。

（3）首字母拼音词

这是一种应用十分广泛的构词法，指的是用多词构成的词语每个词的首字母组成缩略词，来代表这个长词。许多社会组织、国际机构都用这类词来表示。首字母缩略词和首字母拼音词都可被称为acronym。

二、词汇

（一）词和词汇的区别

前文我们提到过，在语言这一概念当中，词是能够独立发挥作用的最小符号，能划分并命名事物和现象。词也是语言符号研究中的基本单位。"词汇"即特定语言中全部词和固定用语的汇集。

应注意的是，词汇与词并不等同，二者大致是整体和部分的关系。一种语言只对应一种词汇，但一种词汇是上万甚至几十万个词的集合。总而言之，在语言学中，词指的是个体，词汇指的是集体。

（二）词汇的分类

词汇在分类上包括基本词汇和一般词汇。

1. 基本词汇

首先要明确的是，词汇的核心就是基本词汇。

基本词汇中词的总量并不多，但其囊括的都是相当重要的词，均表示与历来人们日常作息关系相关的事物。基本词汇只是对一种语言中较为核心和常用的词的一种归类，究竟哪些属于基本词汇，哪些不属于基本词汇，这是个至今没有定论的问题。但总体而言，判断一个词是否属于基本词汇，有以下几个标准：

（1）字根分析法

汉字中形声字占了很大的比重，而构成形声字的音符和义符，绝大多数是有自己的读音和意义的字根。《说文解字》有540部，每一部下统摄很多文字，这些部首也是字根。由于其他文字都是在这些字根的基础上构成的，因此，这些字根绝大多数属于基本词汇。所以，从这一点来说，汉字的部首与偏旁中有读音和意义的能够单独使用的文字所代表的词语，多数都属于基本词汇。

（2）训释词分析法

我们理解一个新事物时，总是习惯用已经掌握了的词语和概念去帮助认识这个新事物。反映在浩如烟海的古籍笺注中，就是注释者总会选人们最常用、最易理解的词去解释疑难词语。这个被选中的最常用的词语，一般就属于基本词汇。

（3）构词能力分析法

基本词汇是构词能力较强的词汇，很多新词都是由基本词汇中的词语组合而来的。因此，通过词典收录的词语，分析这些词语中出现数量较多的单音节词，就能判定一个词到底属不属于基本词汇。最简单的做法是翻开词典，看这个词头之下隶属的词语数量多不多。

（4）词频统计法

由于基本词汇是人们广泛使用的词汇，所以，统计一个词在一定的语言材料中出现的次数，也能判定它是否属于基本词汇。例如，我们可以统计某一个网站一个月内的新闻中，出现次数在1000次以上的词语，这些词语就应当属于基本词汇。

总体而言，基本词汇是一个较为模糊的概念，但并不是说这个概念就没有提出的价值和必要，了解和掌握一种语言的基本词汇，对于我们学习和研究这种语言，意义是十分重大的。上面提到的四种判定方法，不是某一种方法就能准确判定一个词语的，有时候需要综合分析。

2. 一般词汇

一般词汇，是指词汇系统中除基本词汇之外的总和。

许多划分在一般词汇范畴内的词不一定同日常生活相关，使用人数和应用范围比较有限，因此这些词的传承并不稳固，溯源上不像基本词汇那样久远，常常在语言进化的过程中发生改变。

可以认为，同一语言的词汇系统中，一般词汇的数量大于基本词汇，但后者的整体作用更加重要。

从基本词汇和一般词汇的区分中，语言学者可以探究语言的演变或制定更有效的语言学习方案，词汇研究的意义由此可见一斑。

（三）基本词汇中词的特点

归属于基本词汇范畴的词应符合三个特征：全民性、稳固性和滋生性，即这些词要体现全民常用、稳固、构词能力强。

1. 全民性

一个词的全民性指其在同一个社会中被不同身份、性别、阶层和职业的成员所熟知，并有很高的使用频率。

2. 稳固性

词的稳固性并不等于一成不变。有许多基本词汇中的词产生年代十分久远，在历史进程中有所变化，但远比一般词汇的变化程度低，演变速度也更慢。综合而言，基本词汇在漫长的语言历史中保持了很大程度的稳定。

3. 滋生性

滋生性或能产性是指一个词的构词能力较强。基本词汇的起源大都比较早，结构相对单纯，通常只包括一个词根，因此可作为构成新词的语素。即便词语有所替换，其固有的滋生性也很少会发生改变。

同基本词汇相比，一般词汇不会长期在民众间广泛使用，或无法稳定流传，会在语言历史的迁移中发生较大改变甚至消失。一般词汇的构词能力很弱，或者根本没有构词能力。

（四）词汇的特征

我们可以从普遍性与民族性、任意性与理据性的角度分析词汇的特性。

1. 普遍性与民族性

普遍性指某种客观形象给予人们一个通用的一致概念，用来对这个形象进行反映和描绘。如果不同的语言会用同一个概念来描述形象，这就是词汇的普遍性表现。举例说明：河流是自然界的客观事物，每一种语言里都有用来象征和描述这些概念的词语，如英语中的 river，法语中的 fleuve 和西班牙语中的 río。民族性则指每个民族在各自语言中体现的对同一事物的不同认知，由此体现出本民族的独特特征。

再如，同样反映"古代的一种爬行动物"这个概念的词语，汉语用"龙"，英语中用 dragon，这些词的基本意义相同。但是，汉语中的"龙"有"封建帝王、卓越的人"等意义；而英语的"dragon"却有"凶暴、严厉的人""佩带龙骑枪的士兵"等意义。在这两种语言中，这两个词的基本意义是相同的，都表示的是一种虚拟古代的爬行动物。但是，根据它们的派生意义，我们又能看出，世界上的每个民族都有自身特有的思维方式和文明理念，词汇的普遍性和民族性是对立统一的一组特性。

2. 任意性与理据性

任意性的概念是指不同的语言对同一事物的音义表达不一致，语言符号的音义之间也不存在必然联系。但声音在同一语言中的表意由所有语言使用者约定俗成，是基本一致的。例如，汉语中"装订成册的、印刷有文字的纸张集合体"被称为书,这个概念在英语中则被称为 book[buk],这是具有偶然性的、任意的,并没有明显的理据可依。

虽然大部分词语属于这种情况,但也有一些词语存在理据性的论证关系,这些词包括部分拟声词、同源词和复合词,接下来本文会列举实例一一论证。

(1)拟声词指模拟客观对象的声音特征而产生的词,有两种:第一种是模拟外界声音用来描绘声音形象的词。例如汉语里的"叮咚""喵喵",英语里的"quack"(鸭叫声)、"clink"(金属敲击的声音)、"bow-wow"(狗叫声),这些是狭义的拟声词;第二种是源于拟声用于指称的词,如汉语"知了"、英语"cuckoo"(布谷鸟)。这两种词的音和意义之间存在着自然的联系,是可以论证的。

(2)所谓同源词,就是指在读音、意义和来源等方面都有相近或相通的地方。汉语文化博大精深,很多复杂的字都是由一些基本的字加上偏旁部首组成的,不同的偏旁部首往往导致字词产生不同的含义,但是因为含有同样的基本字,它们之间往往具有很多的联系。例如,汉语的"张"本义是"把弓弦安在箭上",后来通过延伸发展,又产生了很多与其相关的字,如"涨""胀"等。"涨"的含义是水位上升,常见词语有"水涨船高"等;"胀"本义指体积增大,常见词语有"热胀冷缩"等。这些字都是由"张"延伸出来的,其含义也与"张"的派生义——"施放、拉开、展开、使增大"等有着某种语义上的联系,这些都是可以论证的。

(3)复合词通常由两个及以上的词素组合而成,构成有明确指向的词语。可见,这种词的词素组合不可能非常随意,要特定的词进行结合才能使新词意义通顺,因此复合词的构成逻辑比较清晰,可以总结,如汉语词"花香",是指"花的香气",英语词"bookshop"指"卖书的店",这些都可以加以论证。词汇音义关系的任意性和理据性由此可见。

三、词汇学

(一)词汇学的定义

词汇学(lexicology)顾名思义,是关于词的学科。积累词汇一直是英语学习的重要环节,也被诸多语言学家深入研究探讨。一种观点认为词汇学是语言学的分支学科,核心内容是调查、阐述词汇并将研究结果进行理论化整理。这种观点下的词汇学即"关于词汇的科学",或者说与词汇相关的系统性知识。

以更深层次的角度来看,"词汇学"研究的核心是词汇的划分和结构关系、词汇体系的系统性和规律。词汇学的理论模板来自语言学,主要探讨每种语言中词的具体含义和其语义关系,追溯词汇在语言发展历史中的起源和演变;深入学习词汇学能帮助学者更系统地掌握现代词汇知识、不同语言的词汇现状及词汇的历史溯源,并分析当下词汇发展中的语言现象,体现词汇方面更高的理解力、解释力和综合运用能力。当然,这也是学习外语词汇更高效准确的手段。

在词汇学研究逐渐扩大领域的当下,其包含的部分学科领域已经演变出独立性较强的单独学科,而这些学科彼此之间又存在交叉,如语义学(semantics)、形态学(morphology)、词典学(lexicography)、词源学(etymology)、认知语义学(cognitive semantics)、认知词典学(cognitive lexicography)等。这些衍生出来的独立学科和交叉学科使词汇学积累到了更高、更全面的学科高度,同时推动了针对词汇的历时性与共时性的比较研究。

历时性方面,词汇学主要比较不同历史时段的词汇;共时性方面,学者们开始逐渐关注词汇因国别而产生的变体。类似的比较类研究是推动外语学科研究发展和提升外语教学质量的重要环节。

语料库语言学(corpus linguistics)为现代词汇学的研究探索提供了强有力的支撑,数据统计(data statistics)、语料选择(corpus selection)、定量分析(quantitative analysis)等研究方法则在现有学科基础上展现了新的研究视角和操作方式。

当下,语料库已被视为词汇研究和语言教学的新方式,它不仅能作为一种高效检索工具,还能切实提高语言学中样本的质量。学习这门学科可以帮助学习者更加全面地了解所学词汇的发展进程,系统性地巩固增加词汇知识,并进一步提升分析语言、理解语言的技巧,同时起到夯实语言输入基础和进一步强化语言综合应用能力的作用。

(二)词汇学的分类

1. 根据研究对象划分

词汇学按上述的词汇区别可划分为普通词汇学和个别词汇学、一般词汇学和具体词汇学，这二者存在着互相依存、互相促进的关系。因为普通词汇学基于个别词汇学的基础形成并发展，在成型后又反过来填补并发展个别词汇学，发挥着指导作用。普通词汇学主要研究人类语言词汇之间存在的通用规律，在普通语言学中拥有重要地位。而个别词汇学较普通词汇学而言是一门研究领域更加集中的学科，主要针对指定语言的词和词汇，如汉语词汇、英语词汇。

2. 根据研究范围划分

词汇学还可以根据研究面的大小分为广义词汇学和狭义词汇学。

广义词汇学包含语义学和词源学、词典学等方面，而狭义词汇学的内容主要集中在对词和词汇的划分、构成、内在规律和发展历程的研究等方面。

3. 根据研究方法划分

在研究方法上，词汇学被划分为共时词汇学（synchronic lexicology，或静态词汇学）和历时词汇学（diachronic lexicology，或历史词汇学）。共时词汇学研究指定时期的词汇体系，对其展开静态的、描写式的研究，重点放在确定的发展阶段上。历时词汇学则主要采用动态研究方式，探寻词汇在历史中的起源、演变和应用过程。虽然这二者的研究形式有所不同，但在核心内容上都与对方存在密切的关联，对彼此产生着深刻影响。词汇静态描写能够推动历时词汇学的研究，掌握词汇的演变过程能帮助研究者更深入地理解词汇的现状。

（三）词汇学的研究意义

词汇学的探究意义由小及大可以分为以下三个角度：

1. 对语言学科的影响

词汇研究在本体研究方面的主要意义在于对词语含义、结构和应用的精确掌握，能够促进相关学科如语法、修辞等的进步。

语法分为词法和句法两部分，词法的分析联系着词义，句法的分析和语义研究的结合是现代语法学习的要求。

语言修辞的意义之一是生动准确的语言表达，展现理想的表达效果。

要准确运用修辞手法，首先要熟练掌握词汇。以对偶手法为例，此修辞的语言要求是字数相等、结构相同、意义上存在一定逻辑关系的两个句子或词组对称排列，其中字数、意义等内容都指向词性、词义等方面。又如"谐音双关"手法，本质是考验对同音不同意词的了解和运用能力。

词汇在语言规范、语言教学和翻译等诸多语言学方面都发挥着重要作用，特别是学习第二语言的学生，必定已经深刻认识到了词汇知识的关键性，中国学生在英语学习过程中大都十分看重词汇量的积累——这一理念贯穿在所有的外语学习中。足够的词汇量对语言初学者来说甚至比语法更加重要。

2. 对文学创作与鉴赏的影响

文学研究的本质是通过语言的媒介对现实进行映射和表达，语言是人们进行文学艺术创作的基本条件之一。作家要想生动准确地展示其理念，首先要精于语言的理解和运用，让读者在阅读文字时获得流畅的体验，从而对语言产生共鸣，理解和欣赏文学作品的价值所在。在类似的表达过程中，词汇是构建整部作品的基石，作品的风格及思想从作家所使用的词汇中就可得见。

3. 对社会文化历史研究的影响

语言是每个文明的文化进程中不可或缺的符号系统，是文化中及其重要的部分。社会的变化发展促进文化的前进，语言则能非常直观地体现社会的变迁，其中最突出地表现这一点的就是词汇，一个时代的词汇可以为研究当时的历史提供清晰的考据。此外，同义词方面的研究是探寻人们思想观念间区别和变化的途径之一。

四、词汇的发展

词汇的发展包括词汇整体的演变与词义的演变两大部分。从词汇整体上来说，一般表现为新词的产生、旧词的消亡和词语的替换。词汇是人们认识现实现象的一个重要工具，人们通过对复杂的事物进行归类、定义等产生各种各样的词语。但随着新事物的产生、旧事物的消亡及人们对事物的认识发生变化，词汇也必然产生相应的变化才能满足人们的交际需要。从词义演变来看，无非是词义的扩大、缩小和转移。

（一）新词产生

1. 定义

"新词"（vogue words 或 neologism）顾名思义，可以认为是"新产生的词语"。

指在特定的一段时期中,或从某一时间节点开始计算,出现的原有词汇系统中不存在或虽然存在但含义不同的词语,或指词典未收录的词语,这些词往往会加入词典的增补中。新词通常是用来指代、描述新生事物的词。

社会历史的前进带动着英语的发展变化,英语词汇的变形和拓展顺应的是社会条件、历史背景的变化。从语言学习中可以发现,所有英语变体的出现都会催生许多英语新词,可见新词在英语词汇的演变进程中具有独特的意义。

2. 产生原因

(1) 政治影响

每个社会环境中的词语都能即时直观地反映政治格局的变化,在英语中,"-ism"是一个表示"主义、思想"的后缀,保持着很强的构词能力,在政治词汇中高频出现。

以"-ism"结尾的词涵盖范围非常广,包括从古代西方的 Cynicism(犬儒主义)到近代成型的 Anarchism(安那其主义,即无政府主义),以及各类宗教思想。现代英语国家中许多具有一定影响力的政治思想都与相关政治领袖的名字结合"-ism"来表达,如英国首相布莱尔执政期间的一系列政策被称作 Blairism(布莱尔主义),撒切尔夫人上台后占据主导地位的"新右派"势力意识形态被称作 Thatcherism(撒切尔主义),对当代美国对外政策仍留有影响的、推崇"扩张民主"的克林顿执政风格被称作 Clintonism(克林顿主义)。

新词的产生还涉及经济、文体、战争等多方面因素。

①国际范围内的战争等重大事件。震惊全球的"9·11事件"是一次针对美国世贸大楼进行的恐怖袭击事件,与之相关的事物在美国社会文化中成为禁忌的象征,人们将世贸大楼废墟称作"零地带",将历史上的事发当日称作"黑色星期二",可见"9·11事件"给美国人民留下的心理创伤之惨重。这一恐怖袭击事件以时间命名,以示其指代的是划时代的重大历史事件,在全美国乃至全世界范围内产生严重影响。在此事件之后,针对恐怖分子的征讨和严惩得到美国人民的一致拥戴,"Let's Roll"成为美国新时期的反恐行动口号。

②经济前进衍生新词。在中国经济繁荣发展的背景下,许多新词应运而生。诸多经济方面的政策——如改革开放初期大量经商人员"下海",2001年中国加入世界贸易组织,新时代下的中国特色社会主义经济等,这些都在我国的经济领

域产生了广泛而深远的影响。

③在世界范围内影响长远的经济政策或事件。克林顿时期美国的一系列经济政策结合了各种经济理论，政府对经济的干预力度趋于中等，这类经济政策以克林顿的名字命名为 Clintonomics（克林顿的经济政策）。

（2）社会文化和公共事业的影响

新词的产生还体现在文教体育等领域，包括以下四个方面的内容：

首先，经济文化发展推动教学条件、教学手法和教学理念的变革，各种教育领域的新词由此而生。

其次，新的教育背景下产生了诸多教学领域内的现象，对这些现象的描述产生了一批新词。

再次，诸如电视娱乐和广播电台等文娱领域也产生了许多新词。比如，如今人人熟知的 hot line（热线）、相关策划最关心的 audience rating（视听率）和 prime time（黄金时间），在娱乐节目的多样化方面，产生了 talkshow（脱口秀）、soap opera（肥皂剧）、call-in（听众同主持人电话连线）、instant replay（即时重播）、VTR（磁带录像机）等专有用词。

此外，许多新型体育运动也有相应指代的新词。比如，20 世纪 60 年代兴起的 skateboarding（滑板运动）、由印度古代宗教行为衍生出的 yoga（瑜伽），时下兴起的 sand yacht（沙滩艇）等。

（3）文化变迁的影响

为更准确地描述社会变迁和经济发展造成广泛的人口变动，人口统计学领域产生了大批新名词，其代表就是美国人对 20 世纪各年代不同思潮下年轻人的一系列称谓：20 世纪 60 至 70 年代反抗主流思潮的 hippies（嬉皮士）、20 世纪 80 年代隶属上层社会的 yuppies（雅皮士）；在 baby boomers（"婴儿潮世代"，即 1947—1961 年，二战结束后的一段复兴时期）时期出生的孩子如今已成为所谓的 YAPS（即 Youthful、Active、Pre-Seniors，与前文的雅皮士类似，可理解为"雅痞"），或直接随其年龄增长后称为 grandboomers。

另外，社会流行文化中也包含许多新词，而这些新词会在诞生后因广泛应用、媒体传播等因素不断得到普及，最终成为人们习以为常的常用词。21 世纪以来，人们已经习惯用一些特定的缩略词来指代常见事物或现象，如 WC、PK、VIP 等。

事实上，非常纯粹的英语表达对卫生间的描述是"toilet"或"the rest room"，但人们还是对简化的"WC"更加熟悉，几乎全世界的人在见到这两个字母时都能明白其含义，缩略词的流行由此可见。

现代社会背景下，音乐领域内的新词花样翻新，顺应着音乐创作方式和创作理念的革新，如 electrophonic music（电子音乐）已经成为当代音乐形式的代表之一，仅以当中的 Metal Music（金属音乐）为例，这一音乐风格可划分为节奏偏慢的 Doom（毁灭金属）、模拟科技感和失真感的 Industrial Metal（工业金属）、与古典音乐相结合的 Neo-Classical（新古典金属）、Glam Metal（华丽金属）、Speed Metal（速度金属）、Pop Metal（流行金属）、Progressive Metal（前卫金属）等。

（4）科技的影响

在科学理论和科学技术飞速提高的当下，科学领域内的词语是新词的主要来源，主要体现在对新的科学发现和科技发明的描述上，如物理领域的 neutrino（中微子）、天文领域的 blade hole（M 洞）和 quasar（类星体）、技术领域的 scanner（扫描仪）、radar（雷达）、imager（成像仪）、high-speed train（高铁）、containership（货柜船）等。特定领域的发展必定促使相关新词产生，而这些新词又很可能随着科技理念的普及超出专业领域，被更多的人理解并应用在日常生活中。

电子技术（electronic technology）和信息技术（information technology，简称 IT）在现代社会中迅速渗透到各行各业，为各种研究方面的进一步发展带来了革新性的技术进步，计算机技术已经融入心理学、天文学、生物工程学、军事等多个领域，为研究者展开新的研究方向和研究路径。此处不再赘述相关领域新词。

（5）信息革命的影响

关于计算机技术的新词已经渗透到人们的日常生活中。仅计算机的发展就经历了 desktop（台式）、laptop（便携式）和 palmtop（掌上）的历程。其他普通人耳熟能详的词还有 hardware（硬件）、software（软件）、mouse（鼠标）、keyboard（键盘）、CPU（Central Processing Unit，中央处理器）等。深究这些词时还涉及 hard disk（硬盘）、case（机箱）、freeware（免费软件）、browser（浏览器）等相关新词。

提到 Internet（互联网）方面的词语，首先就会想到 WWW（World Wide Web、万维网）、Web server（万维网服务器）、Web page（网页）、Web site（或 Website、网站）等。任何人在接触网络时都会熟知 broad band access（宽带接入）、

broadband networks（宽带网）或 Intranet（内联网）等词语。网络的正反面影响也是明显的，除了为现代生活提供信息便利，网络也包括诸如黑客、不良网站、网络诈骗等危险因素。

Blog（网络日志，即博客）是非常重要的网络社交平台之一，是人们分享、展示、交流各种信息的平台。博客的普及深刻影响了人们信息交流的方式。博客根据内容分为各种类型，比如 journal blog（日志博客）和 diary blog（日记博客）、news blog（新闻博客）、pundit blog（专家博客）、tech blog（技术博客）、video blog（视频博客）、photo blog（图片博客）等。

Podcast（播客）也是社交娱乐的平台之一，在当下信息技术高速发展的背景下得到了快速的普及。早在 blog 传播之初，podcast 已经为很多人所熟知，podcast podium（播客宝典）因此而生。在播客文化广泛传播，得到越来越多认可时，"podcast"一词甚至被收入了《新牛津美国词典》。现在此类事实也屡见不鲜，甚至越发频繁，新鲜词语被大众广泛熟知，也因此被逐渐纳入可正式使用的词语行列。

（二）旧词消亡

随着旧事物的衰微和消失，与其相关的词语也会渐渐淡出人们的视野。旧词的消亡联系着新词的诞生，作为语言发展的两个对立面。以英语为例，英语一直在吸收外来语，除了意译外，更常用的是直接用音译的办法，直接用字母符号来记录语音，如"Dama"等。

（三）词语替换

词语替换，是指更改对某个事实的称谓，但不改变所指事实的本身。这是语言进程中非常常见的现象。

需要强调的是，词语替换不是一个即时快速的行为，其过程可能非常漫长，被替换词与替换词因含义相同，会在一定时期内保持共存，甚至在应用方面相互竞争。但这种替换并不一定意味着被替换掉的词语就彻底消失，一来它们本身具有很多义项，被替换的只是代表某一个义项的词语，而不是它代表的所有义项都能被替换掉。二来它们可以作为构词语素继续存在，并且很多时候构成的复合词还有替换它的语素所不能代替的作用。

（四）词汇演变与语言系统

一种语言就是一个有机的整体，某一部分的变化会引起与之相关的多个部分的变化，乃至影响到作为整体的全部语言系统。

1. 词义变化影响语音

语音和含义两方面结合才能称为反映现实的词语，词的含义一旦变化，语音势必也有所变化。

首先，一个词如果有了不同于旧词义的新词义，人们并不一定会创造指代这层含义的新文字，可能仅在语音方面进行区别，比如，多音字（词），即替换音节的某部分或改变声调而成的词语。这是微观方面的语音变化。

其次，一个词产生了新的含义之后，此词的词形会承载过多义项，在具体语境中不方便应用和区别，仅改变语音声调上也难以通过文字体现。因此有时可通过近义词的组合将单音节词变为双音节词。这种语音变化是宏观方面的。

2. 语音变化影响词汇

语音的变化同样会影响词汇的形式。例如，一个单音词往往有几个近义词或相关联的词，但由于组合起来的语音是否顺口的问题，往往导致产生的新词在使用频率上差异较大，从而一个占据优势，一个逐渐被淘汰。

3. 词汇和语法

语法带动着词汇的变迁，这种变迁主要集中于词语搭配方面。最简单的例子就是词语的替换，一个词一旦被替换掉，与之相关的许多乃至全部义项也就消失了，原先能与之结合搭配的词的相关用法也会改变。

4. 词汇的演变

词汇演变在文字领域的影响主要包括旧词消亡导致的对应文字消亡，新词诞生创造的对应新文字（例如化学元素用字），以及基于旧词新意，在原有字形上添加的用以区别的新符号。

总之，词汇的发展与社会的发展紧密相关，词汇的发展也会导致语言系统内部的变化。而整个语言系统中，词汇的演变又是最迅速的，因此对词汇的研究是一项庞杂的基础工作。

第三节　英语语言学的语法学研究

每一种语言都有自身的规则。语言应用的前提是遵循语法规则，这类规则也体现在词语等语言要素的排列组合中。

语法学（grammar）是研究语言的结构法则及其发展规律的科学。这门学科在 20 世纪得到了显著的重视和发展，并由此衍生出了诸多意义深远的理论，传统语法不再一家独大，人们能够更加全面深刻地了解语言的结构。

语言的突出特点就是其复杂性，即使是语法学也很难阐述清楚语言的每个方面，因此这门学科非常重视同其他学术领域的分工与合作。在目前的学术领域，这种分工合作关系的决定因素通常是语言学的内部发展规律。不过，必须承认，目前语法学与语用学（pragmatics）、语义学（semantics）等学科的分工合作关系并不十分理想。以语法学与语义学为例，不仅语义信息的利用存在其局限性，而且语义与语法结构的关系也并不能被许多学者完全理解。

一、语法的性质

（一）客观性

语法是客观存在的。对于一般人来说，即使没有学过系统的语法，也能说出正确的话来。由此可知，语法的实质是语言使用人群对其的直觉认知，是一种潜移默化的知识，在人们的日常语言中会无意识地体现出来。

（二）规约性

人们的日常语言交际受到语法规则的规范和制约，那么语法规则的来源是什么呢？它并非先天因素，自人诞生时就存在于认知中；也不是刻意的规章，由部分人确立推广。语法规则来自使用该语言的所有社会成员的长期语言交际，在实用中自然而然地形成，为所有社会成员认可并遵守，成为社会惯例。语法学所阐述的语法规则实质是对这种社会惯例的阐述。

（三）抽象性

语法的本质是抽象的，无法直接感受，对语法的阐述来自对具体语言的概括。

横向的语法规则，即组合规则，纵向的语法规则，即聚合规则，它们共同制约着我们的言语行为。

（四）递归性

递归性（recursiveness）的概念类似层次性或有机性，指语法规则在句子中实际应用时可无限次重复，因此理论上语句的长度和数量可以达到无限。

（五）系统性

系统性（systematicness）是指任何一条单独的语法规则都不能独立产生作用，语法规则在实用中彼此关联、互相牵制。

（六）普遍性与民族性

语法的普遍性（universality）和民族性（nationality）是对立统一的。例如，世界上任何语言，一般都具有名词与动词的区别，也都具有主谓、偏正、联合等结构类型，这表明语法具有普遍性。不过，在名词与动词的划分上，以及结构类型的表现形式上，不同的民族语言之间则具有差异性。例如，英语、汉语都具有主谓结构，但是英语的主谓结构要求主语和谓语在形态上必须保持一致，汉语则没有此类规定。

在研究语法时应该同时接受并认识其普遍性和民族性。所谓的民族语法的特点，都是通过与其他语言语法的比较而显现并总结得来的。

（七）相对的稳定性

相较词汇、语音等语言要素，语法的稳定性更明显，因为语法在语言变迁过程中的变化相对缓慢，而且变化方面不多。从语法演变的角度来看，很多语法规则从古至今一直沿用下来。正是由于语法具有相对的稳定性，不轻易增减，不随意改变，才能使其成为一种有效的规则，从而更好地服务于人们的交际。

二、语法单位

判定语法单位（grammatical units）的标准是该片段是否能在语句组合的某个位置上被替换。语法规则就是对这些单位彼此关系的分析。语法单位有四级：语素、词、词组（短语）、句子。

（一）语素

1. 定义

语素（morpheme）是指语法中最小、最基本的单位及音义结合体，其主要意义是构词（word formation）。

2. 分类

语素最基本的划分方式是按音节数量分为单音节语素（monosyllabic morpheme）和多音节语素（polysyllabic morpheme）。语素同音节的关系可从语音形式的角度分析，其根据语言不同，具体表现方式也不同。英语中，音节与语素之间的关系也较为复杂。例如，look，是由一个音节构成的语素；brother，是两个音节构成的语素；表示复数的 s，如 books 中的 s，虽然不足一个音节，但仍然是一个语素。英语中还存在一个语素对应多个语音形式的现象。例如，表示复数的语素，在下列单词中的读音各不相同：

books/s/

dogs/z/

boxes/iz/

feet/i:/

有关语素与语音形式之间关系的其他研究，可另参考形态音系学或者汉语音韵学的研究，在此不再赘述。

语素也可按实际意义分为实语素和虚语素。

（二）词

1. 定义

语言研究的角度不同，对词的定义也不同。

语音角度：可以按照停顿、重音等来界定一个词。

词汇角度：已收入词典的语言单位就可定义为词。

句法角度：词是语法单位的基础，是语法中能独立发挥作用的最小单位。句法角度的定义可以被认为是价值最高的定义。

所谓独立运用是指能够独立担任句子成分，或是能够单独回答问题，或者称为独立成句。

2. 实词与虚词

词根据是否有具体的词汇意义分为实词（notional word）和虚词（function word）。

实词能单独充当句子成分，往往是人们对现实的认知和描述。实词包括名词、动词、形容词、数词、量词、代词及拟声词。

虚词最初多是在语言变迁过程中失去部分乃至全部词汇意义的实词，虽然数量不多，一般不能充当句子成分，但它们在句子中出现的频率较高，主要作用是连接实词和实词，赋予它们不同的结构关系。

3. 词与语素

区分词与语素的标准是其能否独立运用。由于语素不能独立运用，因而当它单独出现在句中时，它的身份已不是语素，而是词。虚词不能独立做句子成分，也不能单独成句，但是它们可以单独发挥语法作用，因而也是词，如助词、介词、连词等。

（三）词组

1. 定义

词组是由词进行组合而来的，是功能大于等于词的单位，其特点是层次性和递归性。在若干个词组共同组成更大的新词组时，不能跨过彼此之间的层次，此即层次性。在语法理论上，词和词组、词组和词组的组合可以无限延伸，词组的长度在理论上没有限制，此即递归性。

2. 类型

绝大部分语句中的词组都是依照语言环境的需要临时组合的，能够自由搭配组合的词组就被称为自由词组（free phrase）。而有些固定词组（set phrase 或 fixed phrase）也会出现在语句中，它的来源一般是专有名称，固定词组一般情况下不能更换、删减词组中的构成成分，从功能上看，它相当于词。另一类则是熟语。

概括而言，词和词组在意义和结构上都有区别。词的意义，一般情况下，不是构成成分的意义的简单相加，而是已经融合成一个新的整体意义。

词的结构紧凑，一般不能扩展。词组的意义可以视为构成成分的相加之和。

(四)句子

1. 定义

句子的定义是语言交际中的最小单位,要有相对完整的含义和用来表示句子结束的语调(句调)。进行言语交际时,至少要用一个句子。

2. 条件

成句条件(syntactic condition)也被称作完句成分,主要分为时间、语气、情态三个方面。语言不同,成句条件也不同。一般情况下,英语要求主语和谓语的排列顺序相对固定,两者必须在"数"范畴上保持一致,主语必须由名词性成分担任,谓语必须由一种动词词性成分担任等。

3. 句子与词组

词组是句子的构成成分,二者之间存在一定区别。句子和词组相比有特定句调,另外还有结构上的特殊要求。词组加上句调并不一定能成为句子。

语言的四级单位之间是一种组合关系,即下一层单位能够构成上一层单位。语言的每一层单位之间又能形成某种聚合体。语法研究的任务就在于探明各级单位的组合规则和聚合规则。

三、词法

(一)构形法

1. 构形法的定义

不同的学者对"构形法"的认识并不相同,有的认为它只是一种语法现象,有的则认为它涵盖语法和词汇两个方面。如果依照前一种观点的内容,那么汉语就不存在构形法,因为很少有词的形态变化。

简而言之,构形法是指词形的形态变化。许多语言中的词在进行组合时经常要改变词尾,不同语法含义通过不同的形态来表达。

例1,This rose is very beautiful.(这朵玫瑰花很漂亮。)

例2,These roses are very beautiful.(这些玫瑰花很漂亮。)

例1和例2的主语是可数名词,在进入句子时需要表明是单数还是复数,相应地,动词be为了与主语保持一致,必须发生形态变化。

2. 语法范畴

在探讨语法范畴之前，我们需要明确"语法形式"和"语法意义"两个概念。例如：

例1，He is a teacher.（他是一位老师。）

例2，I saw him yesterday.（我昨天看见他了。）

例1中he做主语，只能写作he，不能是him或his。例2中him做宾语，只能写作him，不能是其他形式。因此，he和him是语法形式，它们在句中分别占据主语和宾语的位置，换言之，它们分别表示主格和宾格这两个意义，也就是语法意义。

所有语法形式所表示的语法意义即语法范畴，主要有七个方面：性、数、格、时、体、态、人称。

（1）性

首先应了解，此处的"性"是语法学而非生物学中的概念。许多语言中的名词及对其修饰的冠词和形容词都有性的区分。

（2）数

数的范畴往往出现在屈折语言中。有的语言中的名词（如英语）只有单复数之分，有的语言语法除这两种外，还有双数形式。

与名词的使用相关的冠词、代词和形容词都可能有数范畴。在有数范畴的语言中，名词做主语时，要求谓语动词做出相应的变化。例如：The flowers are beautiful.

由于现代英语的形态变化已经大大简化，它的形容词和所修饰的名词之间已经不再需要保持数的一致。

（3）格

格范畴用来标示名词、代词与句中其他词的关系。例如，英语的第三人称代词he的主格he、宾格him，标示了he与动词的关系，分别是主语、宾语。

一般情况下，主格表示该词为主语，宾格表示该词为及物动词的直接宾语，与格表示该词是间接宾语，属格表示的是领属关系。不同语言的格范畴在数目和表现形式上都不相同，例如，英语的名词只有通格和所有格，其人称代词则有主格、宾格、所有格三个。

（4）时

标志动词所指动作发生的时间的语法范畴就是时。这个"时间"（过去、现在、未来）的基准是说话的时间。动词的形态变化由时决定。例如，

① He reads a book.（现在时）

② He read a book.（过去时）

③ He will read a book.（将来时）

时范畴标明了动作行为和说话时的关系，是句子进入交际的重要标志。

（5）体

体反映的是动作的状态或进行阶段，与动作的时间没有关系，也归纳在动词相关的语法范畴中。例如，英语 read a book（看书）的各种体可以表达如下：

① He is reading a book.（进行体）

② He has read a book.（完成体）

③ He reads a book.（一般体或普通体）

英语语法对上述动作行为的描述，一般用"现在进行时""现在完成时""一般现在时"，是把时范畴和体范畴合在了一起。

有的屈折语言中，除了上述进行体、完成体、一般体以外，还有未完成体等。

（6）态

态的本质是动词与主语的关系。分为主动态和被动态。主动态即句子主语是动作的发出者，被动态是指主语是动作的承受者。例如，

① John broke a vase.（约翰打破了花瓶。）

② The vase was broken by John.（花瓶被约翰打破了。）

①中主体 John 是动词 broke 的发出者，动词使用主动态；②中主体 the vase 是动词 broke 所支配的对象，动词使用被动态。在说话的过程中，使用主动态还是被动态主要取决于说话人所采取的视角或所关注的焦点。

（7）人称

人称（person）分为第一人称（first person）、第二人称（second person）和第三人称（third person），有单复数之分。屈折语言中的谓语动词根据主语人称的不同而变化，因而人称也是动词的语法范畴。英语的人称对动词的影响需要同时具备两个条件：一是第三人称单数做主语；二是动词的时体态必须是现在时、一般

体和主动态。

例如，He reads a book carefully.（他认真地读书。）

其他人称作主语，或者句子采用其他的时、体、态时，人称对动词的影响都是一致的。

一般来说，在形态丰富的语言中，性、数、格是名词或代词的语法范畴，冠词和形容词在修饰它们时，也要做出相应的变化。时、体、态、人称是动词所具有的语法特征，它们是动词进入交际的重要标志。

语法范畴具有民族性，不同民族的语言在语法范畴的数目和表现形式上具有较大的差异性。即使同一语言内部，语法范畴也不是一成不变的。例如，古英语的人称代词具有丰富的格范畴，现代英语第二人称格的变化只剩下通格和所有格，其他的已经消失了。

语法范畴作为构形法，只是一种语法现象，也就是说，词的形态变化不会造成新词的出现，但是构形法同样对词与词的组合做出约束和限制。例如，名词的格与谓语动词之间的关系，数范畴对谓语动词的影响等。

"语气""语式""情态"用来表现行为是现实、期望还是假设，即行为与现实的关系，包括以下三种：

第一，陈述语气，陈述语气的本质是对客观事实的陈述，句式多为陈述句，分为肯定和否定两种形式。

第二，祈使语气，说话者对说话对象发出请求或命令，多为祈使句。

第三，虚拟语气，说话者表达的内容与事实差距较大，多为虚拟条件句。

（8）级

级（Degree）分为三种：原级、比较级、最高级，描述的是性质状态的程度，体现在形容词和副词的变化中。（表3-3-2）单音节形容词及部分副词对级的表现方式通常是词尾的变化。

原级	比较级	最高级
rich	richer	richest
fat	fatter	fattest
easy	easier	easiest
popular	morepopular	mostpopular

表3-3-2 英语中的三种级

部分形容词和副词的比较级与最高级有特殊的变化形式，如 bad 的比较级和最高级分别为 worse 和 worst。

（二）构词法

关于构词法，需要从两组基本概念谈起：词根—词缀、词干—词尾。

1. 词根与词缀

语素结合构成了词，依据其在词中发挥的作用可划分为词根语素（root morpheme）和词缀语素（affix morpheme），即词汇学中常提到的词根和词缀。词根由实际含义，反映着词的核心，又称为实语素；词缀只有在依附于词根时才能展现其意义，本身不能单独表达意义，又称为虚语素。

词根可以单独作为一个有实义的词，也可以同词缀或其他词根组合在一起，构成新词，分别举例如下：

第一，词根单独成词：

look，water，music，air，flower。

第二，词根 + 词根：

Blackboard，railway，snowman。

第三，词根与词缀组合成词：

rewrite，dislike，worker，actress。

从词根与词缀的位置看，有以下三种情况：

第一，词根 + 后缀：reader，useless。

第二，前缀 + 词根：unknown，impossible。

第三，词根 + 中缀 + 词根：从自由与否看，词缀都是不自由语素，表现为不成词、定位。例如：writer，apples，louder。

词缀是一种不自由语素（non-free morpheme），或称为黏着语素（bound morpheme）。它不能单独作为有意义的词，构词时的位置基本不可变。词根的区分则比较复杂，一般来说有下列三种情况：

第一，自由的词根。能单独作为词，也能与词缀或其他词根结合，结合时的位置也不确定。

第二，不自由的词根：不成词、定位。例如：receive，retain。

第三，半自由的词根。介于上述两者的情况之间。

词缀还可以按照其构词功能分成两类：屈折词缀（inflectional affix）和派生词缀（derivational affix），二者之间区别如下：

第一，构成新词与否。屈折词缀，又称构形词缀或变词语素，它只改变词的形态，不改变词的词汇意义，不能构成新词，汉语没有形态变化，因而也没有屈折词缀。派生词缀，又称构词词缀，它能够改变词的词汇意义，从而构成新词。例如：

He is a worker and he works in a company.（他是一名工人，他在工厂工作。）

He worked in a company 10 years ago.（10年前，他在工厂工作。）

上例中 work 出现了三种表现形式，worker、works 和 worked，其中，由 work 加后缀 er 构成 worker，属于新词的产生，不仅改变了词汇意义，而且改变了词性，因而 er 是构词词缀。由 work 加 s 或 ed 构成 works 或 worked，既没有改变词的意义，也没有改变词性，只是增加了语法意义，因而此处的 s 和 ed 是构形词缀。

第二，是否具有规则性。屈折词缀属于语法现象，有规则可循。例如，可数名词后面一般情况下可以附加词尾 -s 或 -es 等表示复数。动词根据时、体、态、人称等语法范畴的不同可以附加 ing、ed 或 s。

第三，派生词缀与屈折词缀的排列顺序。当两者同时出现在一个词中时，顺序如下：词根 + 派生词缀 + 屈折词缀。例如，read-er-s，即 readers。

2. 词干与词尾

仅包含词根的词中，词根即为词干，如 act。

由词根和派生词缀组成的词中，词根与派生词缀是词干，如 dreamer。

由词根、派生词缀和屈折词缀共同组成的词中，词根与派生词缀仍是词干，屈折词缀是本词的词尾，如 dreamers。

3. 单纯词与合成词

（1）单纯词

仅包括一个词根或一个词根及屈折词缀。例如，英语的 table 和 tables 都是单纯词。

（2）合成词

包括一个以上的词根，或词根与派生词缀结合。前者也叫作复合词，后者叫作派生词。

复合词几乎出现在所有语言中，汉语中复合词的出产是最高的。复合词可根据词根间的结合关系以分为下述五类。

①并列式复合词（juxtaposed compound，也叫联合式复合词）：组成该词的两个词根有相近或相反的含义。例如，downfall（垮台）等。

②主谓式复合词（subject-predicate compound，也叫陈述式）：两个词根是被陈述与陈述的关系。例如，earthquake、sundown 等。

③偏正式复合词（subject-subordinate compound，即主从式复合词）：前面的词根对后面的词根进行修饰和限制，如 bookshop（书店）、widespread（普遍）等。

④支配式复合词（governable compound，也叫动宾式）：前面的词根对后面的词根进行支配，如 pickpocket（扒手）、breakwater（防波堤）等。

⑤派生词（derivative，也叫附加式合成词 adjunctive compound）。这类词在各种语言中的出现频率都非常高，是词的主要构造类型。例如 subway、unknown、disobey、rewrite、teacher、friendship、modernize、childish 等。

（三）词类

词类与词性不是一个概念。词性是指个别词的归类，英语有名词、动词、形容词、副词、冠词、介词等几大词类。

1. 划分标准

通常来讲，词类可以按照语法意义、形态变化和语法或句法功能进行划分。

最通用的划分标准就是词的语法意义，如将指代具体事物的词定义为名词，将描述状态和性质的词定义为形容词等。但有些词在语法中的意义比较抽象，难以定义，所以这种划分标准不十分准确。另外，词的意义不一定和用法相关。

词的变化和形态也可以作为词类划分的依据，即形态标准。所有有形态变化的词都可以按照此标准进行划分。例如，可以把具有性、数、格等形态变化的词归为名词，把具有时、体、态、人称等变化的词归为动词。但是，形态标准并不能解决所有问题，有一部分词不存在形态上的变化，比如英语单词 deer（鹿）就是一个单复数同形的词，动词 cut（切）的过去时与现在时一致。

语法功能是划分词类较为准确有效的标准，它指的是词在句子中担当的成分和构建的组合。不同的词在句中的语法功能不尽相同。

根据词的语法功能进行分类，对于各种形态变化方式不同的语言都行之有效。通常来讲，语法功能标准和词的形态意义标准对词的划分是相近的。不过，当形态和意义标准不起作用的时候，功能是起决定作用的标准。例如，在英语中，按照形态变化，man—men（人，男人）、child—children（小孩）、table—tables（桌子）分别是三种不同的类型，无法归纳其词类，但是根据功能标准，它们都属于名词。

2. 词类划分的相对性

词类的划分是相对的。某类词中的成员并不会具有该类词的全部特点。例如，英语可数名词的复数一般是在原形后面加上词尾 -s 或者 -es，但是，还有一些可数名词采用的是内部屈折，例如，foot—feet（足）；还有的是零形式，例如，sheep—sheep；有的附加其他的词尾，例如，child—children。

词类的划分会体现民族语言的特点，不同的语言包含的词类在数量、划分上都有区别。例如，汉语有丰富的量词，英语却没有；英语中有冠词，汉语则没有。

四、句法

句法是指词与词构成词组或句子时所依据的规则，包括词组和句子的结构、功能以及变换。句法与词法不同，但两者之间又是有关联的，以名词的"性、数、格"为例，同时涉及词形变化等词法问题和名词与其他类词的结合规律、句子的成分构造等句法方面的问题。

语法范畴涉及语法形式，即词的形态变化和语法意义——词的语法意义，而句法同样包括语法形式和语法意义，即词与词及词组与词组的组合在语法上的规定，以及这种组合表现的结构关系。例如，He is a student. 就组合规则而言，该例子对出现在主语位置和谓语位置的词语有明确的限制，主语和谓语之间要求人称上保持一致。

我们主要从组合规则的角度，借助词组的五种基本结构类型，讨论句法的语法形式和语法意义。

（1）主谓结构

顾名思义，包括主语和谓语两个部分，主语，即句子的陈述对象，谓语则对主语进行状态、动作、性质方面的陈述。例如，

① Seeing is believing.（眼见为实。）

② He works very hard.（他工作很卖力。）

主谓结构根据使用语言的不同，形式也有所不同。它的语法意义在于表述主语和谓语间的组合关系。

在英语中，这一结构也要求类的选择及其次序，在类的选择上英语比汉语严格。例如，出现在主语位置上的只能是名词性成分，例①的 see 是动词，如果要出现在主语位置上，必须名词化为 seeing。在类的次序上也是主语在前，谓语在后。除了类的配列，英语还要求"主谓一致"，当主语为第三人称单数，动词为现在时、一般体，谓语必须发生形态变化。例如，例②的动词 work 必须加上词尾 -s。

（2）述宾结构

述宾结构（或动宾结构）包括述语和宾语，前者通常是行为动作，后者则是前者关系的对象。

例如：He hurt her badly.（他严重伤害了她。）

英语述宾结构对语法形式的要求有类的选择、次序，以及形态的变化。英语要求述语位置上为动词性成分，宾语位置上为名词性成分，并且述语在前，宾语在后。英语等语言的主语、述语、宾语有一定排列次序，因而也叫作 SVO（Subject-Verb Object）语言，这是类型学对语言分类的一个重要的参考指标，英语对语法形式的要求还表现为形态的变化。例如，上面例子 she 做宾语时要变为宾格 her。

（3）偏正结构

偏正结构包括修饰语和中心语，修饰语（包括定语和状语）修饰或限定中心语。例如：

① pretty girls（漂亮的女孩）

② run quickly（快跑）

英语也要求类的选择和次序。不过，在修饰语和中心语的排列次序上英语较为复杂：当中心语为表示事物的名词时，定语一般在中心语之前。

（4）联合结构

联合结构包含两个及以上平等联合的成分。例如：John, Eric and Chuck are

good friends.（约翰、埃里克和恰克是好朋友。）英语的联合结构要求类的选择，对次序的要求不是特别严格，在某些情况下可能使用虚词"and"等。

第四节　英语语言学的语义学研究

一、语义学概述

（一）内涵

语义学（semantics）是研究语言单位和语句意义的学科，语句的意义抽象于语言的应用之外，包括其本质、意义彼此间的影响及制约、意义间存在的关系。是自然语言的各个单位——词素、词、词组、句子、篇章等的意义。

因为语义折射的是客观事物和人的思维，因此它涉及人类社会的每个方面，与心理学、逻辑学、符号学、人类学等学科之间存在紧密联系，可以说是一门交叉性学科。作为语言学的分支之一，语义学本身又分词汇语义学（lexical semantics）和句法语义学（syntactic semantics）。从微观角度而言，前者主要研究词语的语义结构和语义聚合的发展历程、内部规律；后者的侧重点则是句子的语义构造、意义联系及搭配关系。而在宏观角度上，语义学可分为内外两部分，内即语言单位的构成、特点及彼此之间的内在联系；外则包括语言符号同其所指代的外在客观事物的关系，以及这些符号根据外部世界判定话语的意义。

（二）相关研究

语义学的研究可分为词汇的语义研究、句子的语义研究和话语的语义研究三个方面。

（1）词汇层面

主要方向是义素分析（sememe analysis）、词汇场（lexical field，又叫语义场）、词义问题、词的聚合问题、同形异义词（homonym）和多义词（polysemy）、成语的语义等方面。

（2）句子层面

基于真值条件语义理论（truth conditional semantic）、言语行为理论（speech

act theory)、配价理论（valence theory）、生成理论（generative theory）、含义理论（conversational implicature）等理论，对句义关系、句法结构和语序等进行探究。

（3）话语层面

主要研究如话语的标准、衔接、连贯、照应等高于句子的层次的结构意义。

语义学由于语言学及其自身研究的拓展和深入，在国际范围内得到越来越广泛的重视。

我国的语义学研究起步较晚，尚未组建起足够庞大且专业的研究团队，因此研究过程中还存在一些问题：研究方法有局限性，研究的各学术领域之间的发展不平衡，研究结果应用性不足。不过，整体而言，我国的相关研究已较为充分地吸收消化了外来的语义学理论，并用来解决在教育科研等方面遇到的实际问题，这一点在我国的俄语语义学中尤为突出。

只要我国的学者、教师等相关人员不懈努力，致力于解决研究过程中的各种问题，补充研究内容，我国的语义学研究必能达到乃至超越国际前列水平。

二、词义

（一）含义

我国学者一般认为，词义，即词的内容，从主观主体的角度反映客观事物，体现出对其性质、特点的认知。总之，词义用来表述客观事物一般或本质的特点。

本义，即一个词的本初的含义，以此为出发点，结合词的描述对象的各种特征，就会演化出诸多与本义有关系但不等于本义的意义，这些衍生的意义就是引申义。词义系统就由词的本义和引申义构成。

词义既可以是词本身所指的意义，也可以是指概念意义，依照具体语境而定。

（二）分类

词的意义不是单一个体而是意义的统一体，包含若干个方面和层次的意义。词义可以分为以下七种类型：

1. 概念意义

概念意义（conceptual meaning）是词义的核心，词在语境中最基本的含义，本身指与外部世界相关联的意义。

2. 内涵意义

内涵意义（connotative meaning）含有主体对词的描述对象的情感态度，包含并超越了概念意义的交际价值，可以说是概念意义的补充和附加。

内涵意义因具体个体和民族的不同而有所区别，有因人而异和民族特征两个特点。不同人在接触同一个词语时有不同的感受和联想，从而给予词语不同的含义，这就是因人而异。拥有不同文化背景的不同民族，其思维方式也有区别，会以不同的眼光和思维看待同一事物，因此各民族语言中的词语内涵有所不同，即民族性特征。

3. 社会意义

社会意义被称为 social meaning，即词语在特定社会环境中的意义。词的社会意义可以体现说话者归属的社会环境、对话双方的社会关系等。

4. 情感意义

情感意义（Affective meaning），即词语表达出的说话者的情感态度。情感意义是依托于概念意义、内涵意义的。

5. 联想意义

联想意义（reflective meaning）指某个词语能令人们联想到的意义。禁忌词（taboo words）和委婉语（euphemism）就与之相关，人们不愿在社会交际中使用引起负面联想的词，因此采用委婉语来代替。

6. 搭配意义

搭配意义（collocative meaning），即词语之间的搭配习惯或固有搭配的含义。有些近义词与不同的词语搭配时意义也不同。以 little 和 small 为例说明：二者都表示"小"，但用法搭配不同。Little 的感情色彩更强烈，往往搭配 child、animal 等，可以出现在别的形容词之后，如 What a cute little girl!（多可爱的小姑娘呀！）而 small 的描述更加客观，可以用副词修饰，一般搭配 cloth、amount 等，如 The dress is quite small for me.（这衣服对我来说太小了。）

7. 主题意义

主题意义（thematic meaning）指说话者通过组织信息传达的意义。如：

My brother solved the problem.

The problem was solved by my brother.

两个句子语义一致，但主题意义不同。第一个（主动结构）强调我哥哥"解决了问题"。第二个（被动结构）则强调是"我哥哥"解决了问题。

（三）词义的演变

词义的演变是指词的形式不发生变化，但是意义发生了变化，词义的演变可以从演变结果、演变原因、演变的方式和途径等方面进行考察。

1. 演变结果

一个词的新意义无非指旧意义扩收或转移后的意义。词义在演变中能够描述更广泛的事实或现象，就是词义扩大。如英语中的"toarrive"原来指靠岸，现在则泛指"到达"，不管是水道、陆路还是经由航空线到达都用它来表示。词义的扩大由此可以看出。

词义在演变中的描述范围缩小，即词义的缩小。例如，英语中的"meat"原来指"食品"，但现在专指"肉"。这些都是词义缩小的例子。

如果原来的词义表示一种现实现象，后来改成表示另一种现实现象，这就是词义的转移。例如，英语中的 book 原指山毛榉，它的皮常被用作书写工具，所以后来就用它来表示书籍；英语的 pen、俄语 nepo、法语的 plume、德语的 Feder 原来都是羽毛的意思，因为人们常用它来做书写工具，所以后来就用它指钢笔。值得注意的是，词义的转移有可能导致原意的消失，也有可能仍然保留原来的意义。如果仍然保留原来的意义，就会形成多义词。

2. 词义演变的原因

造成词义变化的因素比较复杂，但总体而言可以归纳为现实现象的变化、词义的聚合与组合关系的影响、词语竞争等。词义是和词的语音形式结合起来的人们对现实现象的反映，因此，词义的变化会受到现实现象的变化。词汇之间构成了网络使得每个词之间的意义之间是有极大关联的。一个词的词义产生变化会产生连锁反应，使得关联词也有新的意义。

某一个词的词义会存在自我的关联范围，如果词义发生扩大、缩小，难以避免地会产生其他的现实现象，如英语的 meat 原来指各种菜肴，后来由于产生了"food"（食物）、"dish"（盘菜）等词语，它的意义就缩小了，专指肉类荤菜。

同义词的意思是很多词语具有相似性，将一些同义词区分开来的方法就是利用单词和句子进行重新排列组合，这时候就能提炼出一个特征。因此，词义的变化也取决于单词在词组和句子中的作用。最后，词义的变化也会受到词语高频意义的影响。

3. 词义演变的路径

新事物的出现总会面临一个新的问题，那么如何解决词语数量不足的难题呢？根据人们生产和生活的经验来看，人们常常会使用在旧词语上增加含义的方法，比如使用隐喻和转喻的手段。

两个现象存在"类似"的关联就是隐喻，有形象的类似、某种属性的相似、从属关系的相似等。只要能找到一定的相似之处，就可以通过在旧词的基础上增加新义的方式来表达新事物。

转喻，也叫换喻，它是指两个现象之间有"相关"的关系。这种"相关"是联想思维的基础，人们总能由现象 A 找到现象 B，于是也就常常用一种现象来指代另一种现象了。

转喻还有一个小类来自"词义吞并"，所谓的词义吞并是指一些复合词或固定词组中，一个成分的意义吞并了其他成分的意义而成为整个语言单位的意义。如果复合词或固定短语是偏正结构，失去意义的成分为中心语并且后来被省略掉，那么词义吞并就会为留下来的成分增添新的含义，如英语中每天出版的报纸原来叫"daily paper"，这个短语长期出现，但报头出现的报名不宜太长，而表示"日报""晚报""周报"彼此区别的修饰语又不便省略，于是就把日报简称为 daily，久而久之，这个形容词"每天的"就变成日报了。如果复合词或固定短语是并列结构，那么词义吞并只会使结构中的某个成分的意义失去作用，不会造成新的词义产生，这种情况我们一般称为偏义复词，如"世界"的"世"指时间，"界"指空间，但合在一起则只表示空间了。

三、语义

语义和形式两大要素构成了语言，以语义为例，一方面语义决定着人们进行沟通交流的基础，体现着人类智慧和文明的闪光点；另一方面，语义也包含着词义和句义，句子和单词不加修饰的含义。

单词本身并不具有实际的意义，词义并不是单词与生俱来的，而是在表示了一个具体的现实存在才具有了词义。一个单词只代表着一个语言符号，只有产生了所指（reference），即产生了语言和周围世界的联系，通过这个产生的联系，这个单词才有了实际的意义。而一种语言系统语义里的多种词语或句子关系位置意味着一个词语或者一个句子的具体语义。所指和语义的区别就在这里，所指是具体的，而语义是模糊的。语义要比所指的范围大，不是所有词都能指到具体的事物。

词义是客观世界在人们脑海中的主观反映，人们的脑海中总会把某个词将客观存在中的事物联系在一起，这个时候人的大脑将会构建起词义与现实意义的关系。而如果遇到了不可名状的词语，可以使用词语的思维功能将抽象的所指描述出来。

同一语言的使用者，可以很轻松明了地理解一个个词语所组成的句子，也能表达出一个个词语所组成的句子，最终的目标是形成段落或文章等更实用更有意义的单位。

因此语义学是一个研究意义的学科，不仅研究意义，更关注于研究语言的意义，语义学从狭义上可以研究单独每个单词或者单词在词语和句子的含义，从广义上也可以对于一种语言的组织方式和种类进行识别和区分。

第五节　英语语言学的语用学研究

一、语用学概述

语言的使用简称语用，它受到诸多原则、准则的制约，包含复杂的推理过程。语用学是一门对语用现象进行研究的学科。

（一）何为语用

语用是指语言在现实生活中的应用。人们在日常生活中利用语言进行交流，表达实际意义，从而对自己的行为产生影响。

（二）语用学的概念

语用学从狭义上来说是探究某一语言在日常生活中的用途以及法则的一门学

科。其本身是一门最近兴起的学科，不仅在应用研究还在许多实践领域都具有重要的价值。语用学在理论领域方面，对于自然语言的研究取得了突破性的进展，并致力于找出语义表达的内在规律。语用学在实践领域，在提出语用的理论上，为日常生活中语言的使用提供一定的理论基础。

（三）语用学的分科

语用学的研究引起了不同领域学者的关注，这些学者从语用学不同侧面进行研究分析，在研究过程中形式语用学、描写语用学和应用语用学等分科也慢慢产生。

首先是从语用的外在表现、范围以及最合适的表述方法进行研究，产生了形式语用学，这一本科的目的是从语言的逻辑、模式以及文化等多方面研究语言对于人类活动的意义。蒙塔古（Montague）开创了形式语用学的先河，蒙塔古使用模型理论对语义学进行建构，并对一些语法常见词进行了制式的探索。

其次对于人们生活生产中的各种现象和经验产生的语用现象进行了分科上的探索，这个分科称为描写语用学，它着重研究自然生活中的语言如何与语言学产生关联。除此之外，描写语用学研究的对象还有语境对于句子和词语意义的影响。指示语、预设、会话含意、言语行为、顺应、关联、会话结构等，都是描写语用学的研究内容。

最后是相关领域结合形成的分支学科，包括语言文学等诸多学科，适用于语用的研究和理解，被称为应用语用学。它在研究过程中，使用了AI（人工智能）、实际语言教学等领域的经验。

跨文化语用学、教学语用学、医学语用学、心理语用学、认知语用学等许多分支学科都是随着语用学的研究成果不断丰富发展和完善而产生的。分支学科的发展能够对语用学的发展产生积极的作用，这不仅帮助语用学的研究精细化，而且也能使语用学不断提高学科的实用性。

二、语用学理论

（一）会话含义理论

哲学家格赖斯（Grice）于1967年在哈佛大学哲学讲座中提出了会话含义理

论。"会话含义"指在一个特定语境中聆听者推断出的隐含语用含义，或是根据文章的上下文进行逻辑的推理得出的不同于常见意义的语用含义，类似于"话中有话""意在言外"。本节展开研究的会话含义理论对于语用研究起着至关重要的作用。

1. 合作原则

对会话含义进行解释首先就要介绍合作原则，合作原则是基础理论。

（1）质准则

质准则是将讲述者所说的话进行真假的甄别，这条准则要求讲述者要对讲话内容做出真实的保证，避免虚假不实的言论。

质准则对讲述者还提出了两点要求：杜绝谈论虚假不实的信息，杜绝谈论证据不足的信息。例如：

one apple a day, keep the doctor away.

假若讲述者自身真的认为"一天一苹果，医生远离我"是真实的话，那么他就遵照了质准则的原则。

虽然真实性是个很难把握的原则，但是讲述者应从主观上遵守质准则，努力克服在客观上会受到不同外在因素的限制，如自身认知水平、语言环境等制约因素的影响。

（2）量准则

对于讲述者说话中的信息含量作出了数量规定，为了聆听者的便捷，讲述者应将聆听者想知道的信息都表达出来，减少无用信息的传递，提高效率，讲述者的表达要做到简洁和适当的修饰，避免语义的缺失和冗余。

量准则对讲述者提出了两条要求：讲述内容应提供谈话目的所要求的必要信息；讲述内容应详略得当，不赘述，也不能缺失必要的信息。例如：

A：What time is it now?

B：It's three o'clock in the afternoon.

A问B现在几点了，B回答下午三点了，简洁明了，让人直接明白现在的时间，遵守量准则。

（3）关系准则

对于讲述者所说的话应与谈论的主题有着相当高程度的逻辑关系，这叫作关系准则。例如：

A：Which city is the capital of China?

B：The capital of China is Beijing.

A问B中国的首都是哪个城市，B回答北京，可以让A直截了当得到想要的信息，言简意赅。

（4）方式准则

方式准则着眼于"说的方式"，讲述者要注意说话的技巧，如何让聆听者直截了当地理解含义。

方式准则对讲述者提出了四点要求：讲话应不咬文嚼字；讲话应表述清楚，避免误会；讲话详略得当，去掉冗余繁杂的内容；讲话应有条理。例如，

She got up, had breakfast and then went to work.

这句话具有很强的逻辑关系，聆听者能够很快地掌握一系列的行为动作。

以上的四个合作原则，对人类日常生活中的用语守则进行了解读，这四个原则可以指导人们进行日常的沟通和会话。

2. 会话含义的特征

（1）可废除性

对话本身具有的含义是不确定的，可能会随着上下文的变化而产生改变，语境变化也会影响对话的含义和结果。这条性质叫可废除性。

导致会话的废除有多种可能。对话的会话含义在一个新的语境中会产生新的含义，那么原有的含义就会被废除；另外一种可能是讲述者讲述的方式产生了变化，比如句子结构的变化，或者增加或者删除了一个语法结构，对于原对话的会话含义进行了一定的暗示。

（2）可推导性

可推导性是从聆听者的角度出发，聆听者在某一语境下，按照对话的本身意义或者采用质准则、量准则、方式准则和关系准则对对话内容进行推导，产生自己对对话内容的理解。

（3）非规约性

会话含义与文章表面的意义是不同的，在日常对话中，这两者也会有先后的顺序。字面意义是人们已经习惯的、约定俗成的意义，而会话含义是后来才产生

的，是根据不同语境和上下文进行自我整理出来的。

非规约性的含义是对话含义不符合平时对话的常规意义，是从两点体现出来的：第一，根据质准则、量准则、方式准则和关系准则，以及不同的语境和上下文进行推导的；第二，对话命题真假与否并不会对词语含义产生影响。

（4）不可分寓性

不可分寓性不同于以往对话更多依靠在对话的语言形式上，而是对话的含义要从对话的语义内容进行辨析。在句子中替换掉同义词也不会使对话含义变化，这是因为同义词只是对话中的一部分形式，整个对话的含义并不会因为某些词的变化就发生改变。从而可以得出一个结论：对话的含义是与语境的具体内容相关的，而不是只与话语中的词汇有关。

（5）不确定性

在对话中，相同的词语和句子在不同的条件下，会有不同的含义，是处在时时刻刻变化中的。不确定性是对话的基本特点之一。

第四章 英语语言学教学概述

本章内容为英语语言学教学概述，主要从三个方面进行介绍，分别为英语语言学教学的整体现状、英语语言学教学的理论基础、英语语言学教学的目标设定。

第一节 英语语言学教学的整体现状

一、教学方面

（一）教学方法过时单一

老师的教学方法不够科学合理是学生缺乏学习英语的兴趣的原因之一。学科的教学质量、学生的学习兴趣和考试成绩是由教师教学方法是否正确的大方向来决定的。之所以对讲课老师的教学方法提出了高要求，就是因为语言学本身就晦涩难懂。与以往认识不同的是，大多数学生不喜欢语言学的原因是他们认为课程老师使用的课程教学方法比较过时而且单一化。基于此，比较多的学生期望课程老师可以在课程教学方法上与时俱进，进行创新。展开而言，课程老师要在以往重视理论课程传授的基础上，转变以往的授课方式，将以老师为中心的思想转变为以学生为中心的思想，这样一来，学生成为课程的主体，不仅解决了课堂上缺乏活跃气氛、学生上课缺乏兴趣的不良风气，还能真正激发起学生的学习兴趣。

（二）教学活动缺乏实践

英语语言学的教学过程中，比较重视识记和背诵，这是由于英语语言学的理论性知识记忆量大，需要学生们不断地进行理解和背诵，才能提高学习的效率，从而领会吸收学习内容。而现在学生出现的学习积极性低下，教学质量不高等问题，除了上文提到的课程教师教学方法过时单一的原因外，还有教师在教学过程中重理论轻实践的因素，在多重因素的影响下，导致学生难以将英语语言的书本知识与实际生活相结合。除此之外，语言学的学习过程本就是乏味的，而过多的课本知识，更给学生的英语语言学习带上了沉重的枷锁，在学生本就缺乏学习兴趣和学习动力的情况下，还理论联系不了实际，对于书本的理论知识更加难以记忆，使学生对于语言学的学习产生了厌倦感，这样一来，提高学生的学习兴趣也就无从谈起了。

（三）教学目标定位不清

课程教师和学生缺乏对英语语言学课程内容和教学任务的认识，是导致教学目标定位不清的深层次原因，在教学任务制定上也缺乏目的性和计划性。从教师的角度来看，教师缺乏对学生已有英语语言水平和实际应用水平的调研了解，从而难以制定因人而异或者因地制宜的课程内容，也就不能提高学生的学习热情。举例来说，背单词是课程教师最常用的教学方法，是非常片面的一种方法，背单词的背后蕴含着英语语言学中的词汇学知识；从学生的角度看，学生要想融入语言学的学习情景中，就要深入"英语为母语"的学习思维模式，从而以全方位多视角来学习英语语言学。这种学习思维模式无法实现的原因是学生不做好预习的功课，在日常的学习过程中也不思考适合自己的学习方法。

（四）教学目标功利化

教学目标是教学过程的根基，只有打牢了"地基"才能做好教学工作。教学目标的功利化体现在以完成任务的心态来制定教学计划，例如一些教师会给学生下硬性的指标，每一天或者每一节课默写背诵多少词汇，不去在意学生能否真正理解和掌握知识，不关心学生能否追根究底掌握英语语言学的根本规律。这样下去，会使学生的思维方式产生恶性循环，只知道死记硬背，不能掌握行之有效的科学的学习方法，根据艾宾浩斯遗忘曲线的规律，也难以长久地记忆所学的知识，更难以做到理论联系实际了。

（五）教学内容陈旧滞后

教学的开展要依附于教学内容，教学内容的形式的新颖与否会对教学的结果产生影响。教学内容的陈旧滞后在高校语言学的教学中有两个方面的表现：第一，不注重对于教学内容基础知识的深层面挖掘，如社会语言学、语义学和语用学等，这些学科对于英语语言的学习起着至关重要的作用。在教学内容上只注重词汇、语法和发音等基础知识，缺少对于语言学内在肌理结构的分析。第二，英语语言学的许多分支学科都是交叉的学科，学科的交叉对于高校的教学有着非常重要的意义。在实际的教学过程中，英语语言学的教学仍然是在语言领域，而缺少学科间的联动，不能调动学生的学习热情，无法提升英语语言学习的趣味性难以满足高素质人才的培养要求。

（六）教学评价体系落后

教学评价最基本的作用是对教学成果进行检验，为教师和学生的教学和学习提供改进的方案。在英语语言学实际教学中，教学评价体系的落后主要体现在：第一，没有把学生评价放在主体地位。学生是教学的根本，一切教学活动都要参考学生的实际意见，而在实际教学中，学生的评价不受重视，只能依附于学校和教师的安排。第二，评价形式单一。目前终结性评价被大多学校所采用，过程性评价作为一种更加科学的评价方式并没有引起足够的重视，没有发挥其应有的实际功用。第三，评价体系欠缺。教学评价要做到位，首先要理清楚评价内容、评价对象等之间错综复杂的关系，现今许多的教学评价非常不完善，不利于教学评价发挥真正的作用。

二、课程方面

英语语言学本身是一门比较难的课程，准备足够的预习和复习时间对于英语的学习者来说是必需的。在全国英语教学的专业设置来说，阻碍教学质量提高的最直接原因是英语语言学课时较少。对于大部分的老师来说，能够在规定的时间内把课程讲完已经非常不易，更别说如何在这短短的时间内提高和完善教学水平了。其次是教师在讲授的过程中实际和理论没有做到较好的结合。基于第一点，很难有充分的时间将理论和实际结合起来进行教学。而且英语语言学的学科特点是需要理论和技能相结合进行共同学习的一门学科，因此需要老师提高实际和理论相结合的讲授是促使学生英语学习理论和实践提升的客观需要。从目前的英语教学客观发展状况来看，大部分的老师缺乏的是教学的意识和能力，即理论与实际相结合的教学理念，从许多的高校英语语言学的教学中来看，英语语言学的教师重理论而轻实践。这两点使得教学课程达不到理想的效果。

三、教师方面

（一）教师教学专业程度低

在英语语言学教学活动中，教师的专业理论知识素养是提高整体教学质量的基础，只有教师的理论储备丰富，才能在教学中做到游刃有余。在专业理论的掌握方面，目前的高等学校语言学的教学中，专业理论是晦涩难懂的，不仅要求教师具有全面专业的专业理论知识，而且还要在原有的理论基础上加强研究创新的能力。

在英语语言学的教学活动中，教师应改变原有的呆板的教学模式，把学生的学习感受放在首要的主体地位，帮助学生提高学习英语的学习兴趣，培养学生的积极主动性，不仅要丰富学生的英语理论知识，而且要提升学生学习英语的语感，最终达到以最大效率掌握英语语言学知识的效果。而要达到这样的效果，就必须能够将相应晦涩难懂的理论知识有效地传递给学生。想要做到有效地传递知识，对教师的专业水平提出了较高的要求。

（二）教师缺乏为学生服务的意识

英语语言学教师缺少把学生放到主体地位的意识，也就是缺少一切为了学生、一切服务于学生的意识。而要真正服务好学生就是要重视学生的主观能动性，不能强迫学生接受教师的一切学习方法，而要让学生探索和摸索出属于自己的学习方法和学习习惯，教师的指导作用是必不可少的，但只是辅助地位。如果一味地以教师为中心，忽视学生的主观能动性，会使学生对英语语言学的学习产生不好的影响。

（三）师资队伍建设的不足

师资队伍的建设是英语语言学未来发展的后备军，对于教学的建设有着极高的价值和作用，而目前相当一部分的高校缺乏对于师资队伍建设的认识，学校整体教学的状况过于僵化，教师队伍力量良莠不齐。这样的情况会影响到整体的教学质量。好的教师队伍建设可以提高学校的水平，使得教师可以合理运用和发挥实际的理论水平，提高教学的效率。

四、学生方面

英语语言学的专业是比较晦涩难懂的，具有很强的专业性和理论水平，这些特点导致英语专业的学生缺乏对学习英语语言学的兴趣。而这门学科对于英语语言的学习又是至关重要的。这样的学科特点导致学生产生了畏难和畏惧学习的心理，在学习的过程中困难重重，可是又因为它的重要性不能放弃学习，如此循环往复学生就产生了厌学的情绪，如此看来，这门课程是学生们提升自己学习质量路上遇到的一大障碍。

第二节　英语语言学教学的理论基础

一、建构主义理论

（一）建构主义概念

最先提出建构主义概念的是认知发展领域有第一影响力的心理学家，来自瑞士的皮亚杰，他创立了日内瓦学派。皮亚杰认为内因和外因是相互作用的，他从这个角度来研究儿童的认知发展。儿童构建对于外部世界的认识，是在与周围环境相互作用的过程中形成的，在这个相互作用的过程中儿童逐步构建了对于外部世界也就是客观世界的认识，从而不断完善的自身认知结构。他提出的建构主义理论充满了唯物辩证法的观点，其中一个重要的概念是图式，图式是认知结构的内核，是动作的结构和组织，是动作的基本单位。他提出来认知发展有三个基本的过程，即同化、顺化和平衡。

建构主义提出了两点理论，要求教师和学生从这两个方面进行学习，也就是"学习的含义"和"学习的方法"，围绕什么是学习和如何去学习展开。建构主义还提出了学生为主体、教师进行辅导作用的观点，不仅仅强调了学生应发挥主观能动性、属于主体地位的观点，同时也没有忘记教师在教学过程中的作用。学生应由原来的被动接受知识的客体转换身份，成为主动接受信息和学习意义的一方。而教师并不是完全被忽视的，而是要转变方式方法，由知识的灌输者变成学习的引导者，更多发挥灯塔的导向作用，帮助学生找到学习的意义，提升学生学习的兴趣。建构主义学习观还提出了以下四点：

第一，学生应该主动地积极地寻找学习的意义和乐趣，自主地吸收知识，以知识为养分，转变传统的被动接受知识的心态。教师也要抛弃传统的机械传授知识的做法，比如填鸭式的或者拔苗助长式的教学，而是要培养学生亲力亲为，习惯自我探索知识的过程。

第二，知识浩如烟海，难以选择，每一个新的知识点对于每一个学生并不具有特殊的意义，而学习者要主动地建构新的知识点和旧的知识点之间的联系，从中寻找适于自己记忆或者利用的意义，这个过程是一个加工处理的过程，是在自己经验的基础上主动建构知识体系的过程。学生需要在原有的知识体系上，主动地进行选择处理，产生自我和知识之间的联结，而不是简单地刺激和反应。

第三，学生要有一定的知识作为基础，在原有旧知识的基础上用大脑对新的知识进行再一轮的加工、编程、认识，形成带有自我思维的认识。在这个过程中，学生不仅学到了新的知识，而且对原有的知识体系也有扩充融合的积极作用。这就是获得学习意义的过程。

第四，同化和顺应是学生的认知体系结构发生改变的两个途径。而这两个途径会产生一个循环的过程，整个过程的状态不是一直稳定的，而是此消彼长，同化多顺应少或者同化少顺应多，这个不平衡的过程就是人认知发展的过程。同化是指学习过程中认知发生量的变化的过程，顺应指的是认知发生质的变化的过程。量变引发质变。简单的量变不是真的学到了知识，知识的学习过程是新的知识与旧的知识的相互交替，从而使原有的知识体系进行了扩充或者重组。因此，可以说，学习者和外部环境的相互作用，新旧知识的排列组合过程就是学习的过程，而不是简单的记忆、存储和提取信息。

（二）构建主义影响下的英语语言学教学

1. 教学目标

构建主义在教学目标上的观点是：学习的目的是学习知识，学生作为一个独立的个体可以自己选择制定学习的目标。有利于学生对于英语语言学理论知识的顶层理解和细节上的指导。英语语言学对于学生来说可以分为几个部分进行目标的制定：第一，清晰明了表达出所学的知识；第二，理解和解释语言中的定律，需要用学到的知识进行阐述；第三，做到用以旧知识推出来新的知识；第四，用所学到的知识解决生活中的实际问题。

2. 教学情景

英语语言学的学习在构建主义理论下不是由教师的讲授获得的知识和理论，而是在自我的学习和学习环境下双方相互作用产生的，这实际上是一种学习知识体系构建的一种过程。新知识的获取在四种要素中获得，分别是教学情境、协作教学、会话交流以及意义构建，而这四种要素最主要的获取途径是依靠老师的课堂讲授和同学的交流。

3. 社会性教学

语言是日常交往最重要的沟通工具，没有语言社会无法发展，因此语言具有重要的社会属性。英语语言学是一门对日常沟通有着很大作用的学科，在学习的过程中我们就可以进行实际生活的实践。在课余时间的实践沟通交流中，我们要考虑的是英语的语言运用能否合规合理，能否被英语的使用者所理解接受，在这个过程中，学生就能够对于英语语言整体的知识体系有了自我的了解和体会，从而能够结合英语语言学的实际，实现日常交往的实用性。

二、行为主义理论

行为主义的代表人物华生是20世纪20年代早期行为主义理论的代表人物。行为主义将人和动物心理的活动成为研究的重点，研究发现人和动物的行为在某些方面有很多共同点，比如刺激和反应。以往的研究将人和动物的刺激和反应都是限于表面，怎样的刺激引发了怎样的结果，而刺激和反应之间内在的反应没有真正的研究理论。华生使用客观事实的研究方法来研究表面的行为，这样就研究出了刺激和反应的内在联系。他提出在外部环境作用的大前提下，人和动物一样通过环境学习。在这个理论的基础上，产生了行为主义心理学的公式刺激—反应公式。

刺激—反应公式提出了学习行为是外显的表现，学习行为是对于外部环境产生的一定反应，而且学习行为是由外界的刺激决定的。受外界刺激做出的反应被华生称为学习行为。随着教学实践的不断开展，由于行为主义理论的科学性，行为主义被应用到教学实践中，并得到了教师和学生的实践认可。行为主义学习理论提出教师要做好学生学习过程中辅导者的作用，学习的环境是宽松的，氛围是自由的，对于学生不正确的学习行为，不要一味地批评，而要积极引导，努力做到最大限度地削弱，对于学生正确的、有创新创意的学习方式，要大力鼓励，培养学生的学习积极性。行为主义学习理论在今天的学者看来也存在着不足之处，学生成为教师的附庸，丧失了主体地位，学生只能一味跟着教师的学习计划走，学习教师教给的方法和思路，慢慢就失去了学习的动力和活力，不论是学习还是生活上的创新性都是一种压抑和打击。

行为主义一开始的刺激—反应公式就对以后的英语语言学的发展产生了重要的作用，虽然行为主义的许多研究还没有成为权威的认证，但是已经在当时产生了重要的意义。比如最有名的就是结构主义学者布龙菲尔德的代表作《语言论》，他在书中提出了刺激—反应公式，在和教学过程的论述中，他特别提到，刺激—反应模型对于声音行为领域的研究，可以应用到教学过程中。比如说在英语语言学的教学过程中，学生受到教师的声音刺激后根据自己的大脑结构做出相关的反应。

美国学者斯金纳对于行为主义学习理论进行了自己的继承和发展。他提出言语不是凭空主动生成的，而是在外界环境某种刺激的作用下生成的，此观点可见1957年的《言语行为》。外界的某种刺激并不是一个特定的刺激，而是外部和内部的因素并存。除此之外，他提出的学生们适合学习的语言形式过程就是书中提出的言语行为不断得到强化的过程。可以转化为：相应语言知识的获取是要依靠强化作用的存在。

语言的学习和习得是刺激—反应—强化，是一个复杂的、长时间的过程，听说法的行为和行为主义中的语言学习理论具有紧密的一致性，两者无法分开。听说法在实际的教学过程中是学生在听到教师的讲授之后，要做出自己的反应，只有做出自己的加工，才证明这个过程是有作用的。教师的作用就是根据学生的反应，对于自己的教学过程进行分析，找出自己教学中存在的优势和不足，结合多次学生的反应，选出正确的效果并应用到教学中。教师在教学过程中要注意引导，鼓励好的学习行为，及时帮助学生改正不好的行为习惯。

三、转换生成语法理论

美国语言学者乔姆斯基在20世纪50年代后半叶发明了一种全新的理论，称为转换生成语法，转换生成语法理论冲击了当时在美国占主导地位的结构主义描写语言学，转化生成语法理论是一场革命，是一场前所未有的影响深远、波及面广的革命。转换生成语法理论在语言学的基础上，对认知心理学、二语习得理论、计算机科学产生了重要的影响。

乔姆斯基的代表性理论就是转换生成语法。标志着理论诞生的是《句法结构》一书，在50多年里，乔姆斯基不断对自己的理论进行修正，使之更具有解释性。

概括地讲，乔姆斯基的转换生成语法有以下四个方面的特点：

第一，语言不仅仅是一种语言，学习语言的过程是烦琐而漫长的，在这个过程中，会形成各种各样的理论，被一直沿用下去。因此，在乔姆斯基的转换生成语法中，语言被定义为一套规则或者原理。

第二，专注语法研究。语言学家的研究对象应从语言转向语法，语言学家的研究应该是对于语法进行再创造，新的语法应该具有生成能力，这个新的创造出来的语法应该包含着本语言使用者常用的知识。这和语言的普遍性和习得性有关联。

第三，乔姆斯基在外语学习方面的理论都是凭借自己的直觉进行判定和组织的。乔姆斯基都是依赖于自己的直觉进行材料的研究，尽管在研究过程中乔姆斯基和学生们都认为本语言使用者所常用的知识材料是非常具有参考价值的。

第四，采用的是假设—演绎语言的普遍理论，假设—演绎语言的普遍理论被某几个语音验证过，通过语言的语法认证；某一个特定的语法又是和通用语言和通用理论相关的假设。对乔姆斯基来说，语言不只是一种口头上的表达，更是一种行为，和人们其他行为一样，它也有着自己的行动规则。没有规矩不成方圆，有了这些规则，语言才得以被顺利表达和理解，而且人们学习语言并不是学习某一个特定的句子就可以，有了这些规则之后，人们可以用基本的语言结构去创造更多、更复杂的句子，实现语言的创造性。人类语言之所以这么丰富，正是由于人在不断地进行语言创造，而这种创造就离不开相应的语言规则，它们之间是相辅相成、互相依赖的关系。

我们肯定也曾有过这样的疑惑：为什么小孩子在还没有上学识字的时候就会说话，就能够用自己的母语顺利表达自己的意思了呢？儿童学习者的大脑中有一套"语言习得装置"在运转，这是他们在短时间内缺乏刺激的条件下学会母语的原因。因此，语言是某种天赋，儿童天生就具有一种学习语言能力，称作"语言习得机制"。儿童学习者所在的语言环境和接收到的语言信息是他说汉语还是日语的最大原因，因为学习者的语言参数设置是因为某一个语言的输入情况。

这个普遍语法假设不仅仅讨论了儿童学习者如何从零开始学会了母语，而且对于第二语言的学习也有非常重要作用。

四、语言功能理论

英国功能学派的代表人物是韩礼德，从 20 世纪 50 年代上半叶就进行语言社会功能方面的研究。之所以要从功能角度来研究语言，是基于两方面的原因：第一，研究语言的功能是为了揭示语言是如何使用的，为将来的语言发展探索打下基础；第二，研究语言的功能还有助于建立语言使用的基本原理。因为语言的演变是基于它不断地完善其功能，那么社会功能的演变对语言本身的特性也将会产生相应的影响，所以要研究语言本身，从功能角度来进行研究是必不可少的一个步骤。语言学是关于言语行为或话语的描述。也就是说，要想更加透彻地了解语言学，只能通过一个方法就是研究语言是如何使用的，语言的所有部分集中在一起，构成了语言的全部功能和意义。儿童语言的发展实际上就体现了对语言社会功能逐渐地掌握，语言功能具有宏观功能和微观功能的双重地位。

儿童学习者学习母语的初级阶段出现了微观功能，有以下六种：

一是工具功能，即用语言来取物。比如：I do.

二是规章功能，就是用语言支配别人的行为。比如：I'll let you get the plates.

三是相互关系功能，就是使用语言来和他人进行人际交往。比如：You and me.

四是个人功能，是指个人用语言表达出自己的感情。如兴趣、喜恶等的功能。比如：Here I come.

五是启发功能，就是使用语言帮助儿童认识周围世界、学习和发现问题的功能。比如：Tell me why.

六是想象功能，即到一定的时候，学习者可以用语言进行想象力的腾飞。

儿童逐渐掌握信息功能就是到了他们成长的后期。信息功能就是指儿童传递信息，特别是一岁半以后的儿童，但是儿童学习者信息的传递和成年人有很多不太相似的地方。在儿童的语言中，一句话只有传递信息这一种功能，还没有到传递多种信息的时候。

抽象的宏观功能是在微观功能不断缩减的情况下出现的，宏观功能不仅更加抽象而且更加丰富。宏观功能有三层含义：概念功能、交际功能和语篇功能。概念功能就是说新的信息能够被语言传递的功能，也就是人们通过语言的表达能够接收到他们所不知道的信息。交际功能是指语言可用来表明、构建和维护社会关系的功能，包括讲述人进入讲述语言的环境和开始讲述的方式。语篇功能是一种可以被语言利用，创造出句子或者文章的功能，创造出的句子和文章符合语境所要表达的意思，而且是妥当的。简言之，概念功能建立体验模式和逻辑关系，人际功能体现社会关系，语篇功能则使语境内容相关联。概念功能、语篇功能和人际功能是同一排序，不分主次的。语言结构接收到语言情境的特征时，概念意义的选择是被话语范围决定的，而话语意义的选择是被话语方式决定的，交际意义的选择是被话语基调选择的。所以，韩礼德具体地说明了语言自身和外部说话环境之间的关系，这样一来，语言的语义就可以根据外部话语环境所确定了。

韩礼德的论述帮助语言学界加深了对于语言的理解，这是因为从语言功能的出发点来说从另一个角度了解了语言的本质。这个论述提供的理论依据为功能——意念教学流派（或称交际法）的建立打下了坚实的基础。

第三节　英语语言学教学的目标设定

一、教学目标的定义

教学目标的定义是对于学习者学习后产生的变化所做出的总结，是一种关于教学活动预期达到的结果和标准明确具体的表述，是对学习者通过教学能学到什么的具体概述。卓有成效的保障教学质量和教学效果的方式就是使用科学的方法设计教学的目标。

一般来说，教学目标两点组成：一是教师能够在上课前设计好的静态的目标，通常由基本概念、基本内容、教学知识等有一定局限性组成的，静态的目标会受到同一的课程标准和课程含量的局限，体现在教师的教学任务上；二是教师无法在上课之前设计出来的，而是在课程实操中各种课堂教学中由教师学生之间或者是学生和学生之间交流出来的随机性目标。

二、目标设定的有关概念

（一）目标设定

目标指的是在一个活动的过程中为最后的结果指出方向的设想，它是主观上的设想，也是活动最后希望达成的计划或者目的。目标设定是指活动计划者对活动的结果进行计划的能力干预和过程干预，这是为了满足活动计划者的需要，结合自身的实际情况分析活动，最终制定计划。美国马里兰大学的管理学兼心理学教授埃德温·洛克（Edwin A. Locke）在1967年提出来著名的目标设定理论（Goal Setting Theory）。在此理论中，目标是活动计划者发出行动的第一动机，是完成活动的最终的后果，目标设定的特征会对工作激励和绩效水平产生一定的后果。如何激起个体的心理刺激，个体行为朝着所规定的或者组织者想要的方向去努力，就要看重目标的设定，同时要学会如何设定合适的目标，从而激发个体的动机。如果设定出来恰到好处的动机，那么个体就会产生强烈地想要实现目标的需要，个体就会朝向目标进行努力，在努力的过程中也会自觉地为了满足目标而去激励自己，不断进行结果和实施过程的对比，从而发现问题及时改正，确保个体一直朝着最终的目标而努力。

（二）学习目标的作用机制

个体自主学习能力的提高要依靠于学习过程中目标的设定是否合理。个体自主学习能力在目标上的体现主要有四种：第一，目标的定向作用。尽量避免与目标没有关系的活动行为，制定一个明了而且清晰的目标能够促进个体准确地进行想要学习的内容，提高效率减少时间的浪费。第二，目标的调节作用。个体调节自身的努力程度取决于学习目标或者任务的难度。第三，目标帮助行为持久。合理的学习目标能够帮助个体感受到目标和实际的距离，能够提醒个体感受到努力的方向在何处，能够给予自己以积极的鼓励。第四，目标作为检验标准。学习目标可以帮助个体检验学习任务的情况，是否可以达到设置的学习目标。综上所述，设定出合理的目标可以对学习活动有着关键的指导作用。

（三）目标方式的选择

两种常见的目标设定只要具有吸引力，不管是选择被官方人士比如教师或者专家制定的目标，还是个体选择自我参与设定，这两种方式只要制定得当都可以对学习或者生活产生激励作用。但是，个体参与设定目标能够取得更好的效果，这是因为个体参与活动的全程，能够更加了解目标，制定出来的目标更能激励自己的学习或者工作的动力。另外，自我效能感也会影响目标的选择，这是因为，自我效能感高的个体比自我效能感低的个体更有信心，他们会选择更有难度的目标或者任务，为了完成目标，愿意付出更多的努力。

三、英语语言学教学目标的设定原则

设定教学目标要在具体的操作过程中设定，设定时要注重把握三个原则。

（一）教学目标应该从学生角度出发

教学目标的设计重点要体现学生是教学行为的主体，一切的教学目标应该围绕着学生的学习来制定。任何一个成功的教学目标都是从学生出发的。教学目标的设计当然也要有教师的课程意识、教学理念、教学方法、学科素养及学生观。学生观就要求教师在关心自身的教学外，还要注重学生的学习。而现在有许多学校在教学实践中没有真正关怀学生，囿于传统教育观念的牢笼，教师还是主角，学生不敢问、不敢提出自己的看法，没有办法与老师交流，教师也就无从得知学生的学习效率和学习的效果。

（二）教学目标的难度要符合学生的认知规律

教学目标的难度定位不能过高也不能过低，如果难度定位过低则学生学习起来缺乏成就感，缺乏原动力，如果难度定位过高，学习起来就有难度、学不会，影响学生学习的心情。难度定位应符合"最近发展区"原则，难度要略高于学生现有水平，但不要高于可以在教师或者他们辅导的最高一级水平。

（三）教学目标的设定要体现情感态度与价值观

情感态度是指影响学生学习过程和学习效果的相关因素包括信心、情感和动力等，包含着人与人之间存在的态度和感情。因此，情感态度的目标应当包括了人际交往之间的行动，有情感的行动配合之间是有好的态度和积极的情绪的。如果教师在教学的过程中，不看重学生在学习过程中的感情情绪和学习方法的具体指导，只知道一味地跟着教材，不做变通，使用填鸭式和灌输方法进行教学知识和技能的教学，那么是做不好学生的主体地位和教学三维目标的。在这种情况下，教师很难激起学生学习英语语言的兴趣，也难以培养学生对于世界各国风土人情的正确观感和看法，难以了解人物和事物的内心世界。更高层次的分清黑白对错和解决难题的要求就更达不到了。

以往的教学过程中，对于情感目标的设定，往往存在牵强和假大空的问题。比如"培养学生自主思考问题的能力"，类似这样的情感目标的表述过于广泛，不仅仅是在英语学科中，每个学科都会提出这样的要求，并不能体现出英语语言学的学科特点。在现实的教学过程中，学生是乐于分享和表达的，有时就是缺乏一个良好的教学目标设定来带动学生的情绪。

四、英语语言学教学目标设定的内容

（一）语言能力目标设定

语言能力主要有三项内容：语言知识、语言技能和语用能力。语言能力目标设定的目的是对学习者在语言体质差异和礼仪守则等语用方面提要求，这些要求是基于语言的词汇、语法、语篇等语言知识学习和听、说、读、写、译等语言技能训练。在这些方面做出要求是为了提高学习者交流的能力，特别是用英语的交流。

（二）思维认知目标设定

英语语言教学是传统的，教学经验随着一代代老师的积累已形成惯性。英语语言不仅要教会学生如何与本语言使用者交流，还要使用语言培养学生的思辨能力，优秀的认知目标设定，能够促使学生逻辑思维和创新思维的发展，从而促使学生的思维认知能力得到发展。正因为英语语言教学是传统的，教学以技能培养为主，教与学是主要形式，从这个角度来看，不利于学生思维认识能力的培养。英语语言教学要用语言培养学生思维认知能力，这也是语言学的功能和任务。

思维认知目标能开阔学生的视野，解决问题时可以从更宏大的视角看待问题，从多维度来研究和分析对象，从而从不同的侧面提出不同的解决方案。同时，思维认知目标的设定能够使学生的思辨能力比如分析、推理、评价、综合、辨析等得到提高，能够使学生的思维习惯比如个体逻辑、自省、创新等得到培养。

（三）社会文化目标设定

帮助学生形成一种认识社会、世界和各种流行文化的方式是外语教学的目的之一。在社会文化目标的设置上不应该仅仅着眼于传统文化之间交际的内容，而应该是提倡不刻意去模仿英语国家的习俗，不在学习西方文化，只是多多学习和了解，能够从人才培养的模式方面研究国际上共有的社会文明礼仪、道德品质和思维的模式。因此，外语的教学不应该以一种狭隘的心态或者一味盲从的方式开展，而是用一种和谐、开放和包容的态度，去学习外国的行为规范和国际意识，积极学习对中华民族发展有借鉴价值的文化，只有以一种包容的心态相互学习，世界上各个民族才能够共同发展灿烂的文明。同时，其他国家或者民族的文化也能对中华民族的文化提供借鉴意义，以批判的态度分析世界各国的文化发展方式，更能够取其精华，去其糟粕。社会文化目标的设定，能够真正实现语言和社会文化的融合，是因为它更新了语言和社会文化的关系，延伸了跨文化交流的宽度。

（四）品质塑造目标设定

英语作为一种语言的教育，更深层次的价值在于影响学生的学习态度、学习习惯、改变学生的思考方式和普世价值观的培养，英语语言的学习不仅仅是一种工具。人们常说学习一门外语对于学生良好的个性品质和人格有深远的影响，这些良好的品质主要包括：自信、果敢、开放、包容、坚强等。

品质塑造目标会通过学生自我的内在探究，不断学会如何正确客观地看待自己，对自己有了清晰认识之后会自我管理，形成积极向上的学习态度，从而成为人格更加完善更加具有优良品质的人。

第五章 英语语言学的教学方法研究

本章内容为英语语言学的教学方法研究,主要从三个方面进行介绍,第一节为英语语音、词汇和语法教学方法,第二节为英语听力和口语教学方法,第三节为英语阅读和写作教学方法。

第一节 英语语音、词汇和语法教学方法

一、英语语音教学方法

(一)语音教学的内容

英语教学的重要内容是语音教学,整个语音系统都包含在内,比如发音知识、音标、语流、语调、单音、字母等几类。

发音和发音的各个器官有着密不可分的关系,因为每个人的发音器官都有着或多或少的不同,再加上发音的时候每个器官的震动或轨迹不同,都会造成发音的不同。因此,每个人发出来的声音都是不一样的,都是独一无二的。在语音教学中,教师应该适度地教学生们一些发音知识,这样可以帮助他们理性地认识发音系统以及自己在学习过程中的发音情况。

元音和辅音的教学就是指单音教学。元音教学要分双元音和单元音、后元音和前元音、长元音与短元音等;辅音又包括爆破音、清辅音、浊辅音、摩擦音、鼻辅音等。

字母教学包括字母的读、写等,因此音标的教学离不开字母。在教学过程中,要对英语字母与音标、与汉语拼音字母及拼音进行明确的区分,这是为了防止它们之间的混淆,包括字母的名称、字母的读音、元音字母表、辅音字母表、英语

字母表、字母拼读；音标包括重音、次重音、元音分类表、辅音分类表等。

重音教学、节奏教学、连读教学、失爆教学等属于语流教学。重音教学则具体包括单词音节、开音节、闭音节、单音节、双音节、多音节、重音、句子重音以及重音在句子中的流动等。语言的节奏是指语言表达流程的快与慢、高与低、长短与停顿。决定了英语句子、段落、篇章的语音优美程度的是节奏教学，但是节奏教学不涉及英语单词语音的正确还是错误。在中国的英语教学体系中，相对于发音、字母教学等方式，节奏教学并没有像其他语音教学那么受重视，使得中国学生说起英语来给人的普遍印象是：虽然正确，但生硬难听、缺乏美感。直接影响英语表达流畅自然程度的是能否掌握连读和失爆技巧，这两个技巧也是口语表达中比较重要的。关于连读和失爆教学，有学者提出了行之有效的听、写、读"三部曲"法，有兴趣的读者可以借鉴相关资料。

单从语调来说，可分为升、降、高、低、平等五个基本语调概念。语调教学要从单词语调和句子语调两方面着手。掌握好语调应用技巧，一方面使说话人的语音更优美，另一方面也有助于更有效地表达说话人的情感、态度和目的。

相对于英语语法和词汇教学内容而言，英语语音教学内容有三个特征：体系性强、量少含义丰富和容易识别。通常情况下，体系性强、量少含义丰富能够帮助学习者更好地在英语学习中实践，但是容易识别这个特点虽然简单易动，在教学实践上却有较高的高度。这要从两个方面来讲，一方面是从教师的角度讲，学生的口语水平从一定侧面体现教师的教学效果；从另一方面的学生角度讲，这也可以对其学习效果进行评价。

（二）语音教学的方法

那么，语音教学过程中的方法如何通过语音教学应该遵守的原则进行遵照呢？

1. 模仿教学法

模仿教学法在英语发音教学过程中是一种非常有效的方法。模仿教学法主要包括下面四个步骤：听音、辨音、模仿和矫正。下面我们一起来看一下这四个步骤具体包含哪些内容。

（1）听音

语音学习的第一步就是广泛地听，听英语是说、读和写的基础。因此，要想表达出来的英语更加准确就要让听力有所提高。那么，让学生快速熟悉英语国家人们的发音特点和规律就要求教师在日常教学过程中让学生接触英语国家人的发音，听多了就能产生印象。另外，最直接的方式是听老师的示范，因为教师是学生学习过程中接触最多的人，而且教师的示范发音更加给学生真实地感受，随时随地，对于学生的学习更加便利。

模仿性地听、辨音性地听以及熏陶性地听是专家提出的语音教学中的三种听。学生自己安静状态下的听语音，默念模仿，心中熟记，是以模仿为目的地听；训练学生对于不同语音的甄别和区分，比如单词、词组、连读、语调等内容，称为辨音性地听；最后一种对于学生来说是最轻松地听，在日常生活中，在课堂中，都要慢慢地形成习惯地听，这样使得学生对于英语腔调越来越熟悉，量的积累达到质的变化。在课堂的课程教学中，教师要根据实际的情况灵活选择这三种方式进行训练，灵活地运用到课堂教学中去，最终达到促进掌握纯正英语发音的目的。

（2）辨音

教师引导学生进行辨音的学习是要在听音练习之后的，这个时候学生已经积累了一定程度的语感。辨音也就是根据学生自己平时听到的语音，判断对方读音中的错误。在课程教学的过程中，教师可以采用课堂上学生的语音资源，可以让学生自由结成小组，一名同学念听力材料，另外一名同学来辨析和判断这名学生的发音正确与否。这种方法既可以锻炼学生的发音，也可以锻炼分辨英语发音的能力。这样相互交替交错，能够提高学习的效率。

（3）模仿

模仿是检验学生能否听清楚、听准确的办法，也是之前听音、辨音的最终的一步，只有模仿到位了，才能够说出发音准确的语音。在模仿的阶段，也可以把学生分成小组的形式，提供一段语音材料，反复听反复做笔记，在有限次数内，选出小组内的优胜，并向小组里的同学提供经验，大家可以相互学习、相互借鉴，提高学习的趣味性。

（4）矫正

在小组的同学进行模仿的时候，教师在小组中听取同学们的模仿，并就每个同学出现的问题给出指导的意见。最终将每个小组的共性问题或者是出现次数比较多的问题进行汇总。模仿过程的矫正可以通过解说、对比和图文并茂的方法实现。教师还要提醒学生导致发音错误的原因，比如嘴唇形状的圆或扁，牙齿的开或者合，舌头的位置，声带的振动，气流是否受到阻碍，发音的长短等，通过这些因素的分析，帮助学生找到正确的发音位置，不仅能够发音更加准确，还能够减少口腔器官的疲惫感。

在矫正的过程中，教师在态度上不仅要严谨负责，还要讲究矫正的策略，少批评学生，多在闪光点上鼓励学生，注重学生在学习心理上的变化，使学生面对发音的问题上是积极愉快的，勇于面对困难，激发学生在学习上的兴趣，以积极的心态解决问题。

2. 听说和朗读结合法

教师可以使语音训练和听说、朗读等方式结合起来，多种形式可以做到有张有弛，提高练习的效果，这样可以避免一种学习方式的枯燥，提高学生学习的兴趣。从具体上来说，教师要教会学生如何分开意群，掌握语句之间的停顿、句子的语音语调高低，这样以最大效率地学习语境中的语调含义。并且在发音训练的时候，要大声地朗读出来，不仅能培养自信心，还能做到及时纠正单词的发音。

3. 归纳—演绎教学法

归纳—演绎教学法是指在语音教学中集中教授的方法，将具有相同发音规则的词语集合起来。这是一种分类的方法，可以使教学更有条理，更有利于学生们提高学习效率。这些归结在一起的词既可以是已经学过的，也可以是生词，经过多次重复，可以使学生们找出其发音的共同点和不同点，从而深化记忆。归纳是指一个单词能够在发音的多种分类方式中归类的方式，而且可以多次的重复。

除了这些方法之外，教师还应该通过培养学生语感的方式为以后的学习做基础，培养语感可以使用归纳总结的方法总结单词的重音守则和句子的语音语调。归纳之后，教师要及时地让学生灵活运用加深归纳的印象，这个过程可以使用演绎法。

4. 交际语境教学法

语音学习的目的是实现有效交际。因此，在学习过程中，提供相关的交际语境可以帮助学生们更好地融入教学氛围中，通过角色扮演、辩论、采访、模拟和话剧表演等，这样的方法让学生能够更加准确流畅地传达自己的交流意图，而且适用于生活当中。这样不仅可以实现最根本的学习目的，还能给学生提供一个完整而有趣又切合实际的学习环境，提高他们的学习兴趣。

在活动开始前，教师应该提前给学生画好重点，要让学生在学习中特别注意重点。活动结束之后，教师要多多鼓励和表扬学生，不管是表现好的还是有所欠缺的学生，都要积极指出，并帮助学生分析和改正错误的发音。

5. 绕口令教学法

以往的语音教学会让学生提不起学习的兴趣，因为过去的语音教学通常会使用比较枯燥的方法不断强化学生的发音，只是单纯的重复。那么，教师可以采用绕口令的教学法，这样的学习方法比较具有趣味性，而且训练的目的是比较明确的，不仅可以训练基础的发音，还可以训练少见的发音。

教师在实际的教学活动中，可以采用多种多样的教学方法和方式，可以采用小组分组的方法，可以让学生在竞争和合作中产生学习的兴趣，这样可以主动激发出学生对于知识的求知欲，进而产生学习语音的浓厚兴趣，最终提高学习的效率，达到学习的目的。

二、英语词汇教学方法

（一）词汇学习需要掌握的内容

词汇是外语学习的基础。如果不能掌握一定量的词汇，就无法进一步提升听、说、读、写、译的能力。对于每个单词而言，我们只有做到听得出、读得出、说得出、写得出才算熟练掌握了这个单词。

听得出是指听到一个单词的读音就知道它的意思，能在极短的时间内完成音和义的匹配。如果音与义的匹配存在困难或者出现延迟，就会影响听力理解。在听英语材料时，如果你总是需要较长的时间理解其中一些单词，那么整个信息输入过程一定是不流畅的，整体意义的理解也可能会有偏差。

读得出是指看到英语单词时能够迅速读出它的发音，提取它的词义。说得出是指在特定语境中想用声音表达某种意思时，能发出相应单词的正确读音。如果这个过程出现问题，就会造成"哑巴英语"，有话说不出。

写得出是指在特定语境中想用文字表达某种意思时，能立刻调用头脑中关于该单词的记忆，正确、规范地写出该单词。

（二）英语词汇教学的原则

科学有序的教学原则是大学英语词汇教学中教师最应该遵循的一个教学的原则，这样的教学原则可以提高教师教学的效率，提升课堂的活跃度，这样可以提升学生学习的效率，最终能使学生的词汇量有较大的提升，以下是几项比较重要的原则：

1. 词汇运用原则

在大学阶段的英语词汇学习中，教师要遵循的一条很重要的教学原则就是词汇运用原则，因为学习词汇的目的就是如何高效地运用词汇学，教师在运用这条原则的时候应该不仅仅向学生教授如何背单词，而是注重学生如何在日常的生活和学习中使用词汇，就是让学生如何在自己熟悉的语境中生成词汇的感觉，在具体的对话环境中理解词汇的使用。词汇运用原则对教师提出了以下几点要求：第一，学生的学习特点应该是词汇学习设计时最先考虑的因素；第二，词汇之间的换位思考的能力是词汇掌握过程中学生应该学习的，这样的能力可以帮助学生融会贯通词汇之间的知识；第三，词汇不仅要背诵，而且最重要的是如何在对话环境中运用，提高词汇语用的实际能力。

2. 词汇呈现原则

词汇教学的第一个步骤就是教师要向学生展示词汇，这是开展词汇教学的第一步。词汇的展示能够影响着学生对于单词学习的兴趣，因为这个展示的过程可以让学生对词汇有一个大致的印象，如果词汇的展示比较有趣、直观并且可能蕴含着一定的情景的话，很有可能会利于学生词汇的学习。

词汇在呈现过程的情景就是让学生在不同的环境下了解词汇的含义，做法就是把词汇放到一定的环境中，让学生在实践的环境中感受。词汇呈现的趣味性就是通过多种多样的方法展示词汇，这样从非单一渠道记忆单词，可以提高学生学习的乐趣。词汇展示的直观性可以通过实物等多种元素让学生对词汇有着最直接的观感。

后续的词汇学习要依托于词汇展示的成果，词汇呈现得好，学生就可能会提高学习的兴趣，然后为后续的词汇学习打下坚固的基础，教师在实际的教学中可以具体问题具体分析，从实际出发，努力呈现词汇的多样化。

3. 循序渐进原则

大学英语的词汇教学也应该遵循一项最基本的教学原则,即循序渐进的原则,这一原则具有普适性,任何教学都应遵照。循序渐进原则要求的是如何逐步地深入词汇的教学,即在词汇教学的数量和质量上做到平衡,在这一原则的指导下,词汇的教学应该逐渐重视词汇掌握的质量和学习的效率,而不能一味地追求学习词汇的数量,只看重质量是缺乏实用性的,应该在日常的生活和学习中提高对于单词的熟悉度,从而不仅提升了词汇数量,也对掌握单词的质量有了提高和训练。所以我们说,单词学习的质量是不可分割的一部分,是同一部分的两个方面,如果在学习的过程中掌握了词汇之间的联系,使得学习的单词都成为一个系统,那么词汇也会越学越多,学习的过程也会越学越顺利,越学习词汇在脑海里的印象就会越深刻。循序渐进指的也是学习的过程是逐步加深的,学生不可能一次全部掌握所有词汇,教师也不能一次教完所有的词汇,师生双方需要不断地打磨,逐渐形成思考词汇的习惯。

根据这个循序渐进的原则,我们知道,词汇学习不是一蹴而就的,而是要让学生逐层推进对于词汇的学习,最终达到预期的学习效果。学习过程的效率也会不断地提高。

4. 目标分类原则

遵从学生的学习主体地位,根据学生的学习习惯、学生的学习要求等内容来确定词汇学习的目标就是目标分类的原则。过目词汇、识别词汇和运用词汇是大学英语词汇的大致分类。根据这三个词汇的名称我们就可以推断出这三个词汇的意义。过目词汇指的就是学生大体了解这类词汇即可,不需要详细的掌握,在句子中是辅助的作用。识别词汇就是指能够帮助阅读者理解的词汇,在阅读的过程中可以通过文章的表达来推断出具体的含义,而不用掌握具体的意思,不用学习这类词汇具体的用法。运用词汇是指学生需要重点掌握的词汇,在日常生活和学习中出现的频率比较高,而且可能会根据不同领域的用法,一个单词在不同的语境下会有不同的意思。

在大学英语的学习过程中,要求学生学会所有的词汇,是没有效率也没有可能的事情。所以在学习的过程中要求教师有所侧重,让学生能够有轻重缓急地学习,提高学生的学习兴趣。

5. 联系文化原则

大学英语的教学中还要遵循的一条原则是联系文化的原则，因为词汇与文化之间的关系是紧密相连的，而且词汇的学习乃至于英语语言的学习的最终目的是能够进行跨越文化的交流。不管是词汇的含义还是结构方面都应该和本语言相关的文化进行联系，这是词汇的学习和教学中至关重要的一点。如何能够加深学生对于词汇的学习理解，从而掌握单词变化的守则，就是要使学生能够从根本上了解词汇。比如，China 这个单词的来源就是中国古代向外国出口的瓷器。如果从单词的文化原因上入手，学生就不会难以背诵单词了。在理解和背诵单词的时候要注重联系实际，因地制宜的考虑文化的因素。

6. 回顾拓展原则

在大学英语的词汇教学中，教师要考虑到学生的艾宾浩斯记忆曲线，不断帮助学生回忆以前学过的单词，学生每天都会学习新的单词，如果只是进行新单词的学习，就很容易不断的遗忘，难以巩固旧的单词，这样循环下去，新学习的单词也会被遗忘。基于此，教师要注重单词滚动教学法，在学习新的单词时，就要将旧的单词包含在内，这样既能够巩固旧的单词，又能够学习新的单词，提高词汇学习的效率。回顾旧的单词就是为了使新旧单词融会贯通，不断对原有的单词进行自我的加工和提升。提高学生对于新旧词汇的理解和掌握程度，提高语言的表达能力，这样可以使新学习到的词汇不断在实践中得到运用。

在利用回顾拓展原则的过程中，教师要时刻注意学生的学习水平程度，不能一味地给学生加大课业的负担，应该注重词汇拓展的趣味性和直观性，拓展的过程中最重要的是提升学生学习的兴趣，难度应该是循序渐进的，能够被学生所接受的。

（三）英语词汇教学方法

面对大学英语词汇教学的各种问题和痛点，提高学生学习的兴趣，提升老师教课的效率，除了要利用好以上六点教学原则外，教师还应该采用各种教学方法。如果教学的方法使用得当，可以帮助教师顺利地开展教学工作，提高教学的成果。以下两点方法可以帮助教师进行词汇的教学：

1. 词汇记忆法

词汇掌握和使用的基础就是词汇的记忆，单词背得多，运用起来就会越来越纯熟。所以在词汇的教学过程中，学生如何能够掌握记忆词汇的方法是至关重要的。以下六点记忆方法可以帮助学生掌握词汇的背诵：

（1）反复记忆

有研究指出，人们所接触的信息中，大约 80% 是通过视觉获得的，大约 10% 是通过听觉获得的，如果能将视觉和听觉结合起来，就可以提升记忆效果。因而在学习词汇时，要做到眼看、口诵、耳听、手写，使多种感官参与记忆过程，尽可能增加与单词接触的机会。接触的次数多了，对单词的印象就会不断加深，记忆也就牢固起来。24 小时之内应该对前一天学习过的词汇进行又一轮的复习，为了保证记忆的效果更好，即使是晚上学习的词汇，第二天早上也应该及时的背诵。

（2）利用构词法记忆

大家在中学英语学习中已经了解到，很多英语单词是通过增加前缀或后缀演变而成的派生词，还有一些是由两个或两个以上的单词合在一起组成的合成词。了解一些简单的构词法知识，能够让我们快速识别单词的结构，更高效地记忆单词。

利用前缀或后缀，或兼用两者派生而成的词称为派生词。比如，dislike 这个词就是由 like 加上前缀 dis- 组成的，uncomfortable 这个词就是由 comfort 加上前缀 un- 和后缀 -able 组成的。很多前缀和后缀源自拉丁语，并且都有含义。比如，in- 的含义是"不、非"，pre- 的含义是"在……之前"。在记忆单词时，应该有意识地识别单词的结构，充分利用词缀和已掌握的单词。

由两个或两个以上独立的词结合而成的一个表达新的语义的词称为合成词。比如，typewriter 这个词就是由 type 和 writer 这两个词组成的，sister-in-law 这个词就是由 sister、in、law 这三个词组成的。有些合成词的语义可以通过原词的语义直接推测出来，如 classroom、world-famous 等；有些则需要通过一定的联想才能推测出来，如 grown-up、greenhouse 等。合成词的写法可以像 classroom 一词，直接将单词拼写在一起；也可以像 grown-up 一词，在不同单词间加上连字符。合成词的写法应参照词典，依照词典给出的方式拼写。

在遇到合成词时，应联系原词的语义进行记忆，必要时可进行适当的联想，这样能使记忆过程更轻松，记忆效果更出色。

（3）利用短语记忆

英语短语在语言使用中占有比较重要的地位。常见短语可以在一定程度上帮助学习者克服中式英语。英语中的常见短语包括动词短语、介词短语、形容词短语等，记忆一个新的单词时要关注它的常见短语。在短语语境中记忆单词，效果会更好，因为单词只是"原材料"，常见短语已经是"半成品"，更便于使用。

必须说明的是，记忆单词的方法有很多，以上只是我们常常采用的一些方法。不同的学习者在英语学习中可能会积累一些适合自己的记忆方法，这里提供的方法仅供参考。

（4）划归类别的记忆

①按照词根、词缀进行归类。词根、后缀或者前缀是帮助词汇记忆非常有效的手段，可以避免词汇记忆的枯燥乏味，提高记忆的效率，帮助学生提高单词的记忆量。

比如：

Bi：表示"两个，两"，如 bilingual 双语种的（bi+lingu 语言 +al 的→双语的）

By：表示"在旁边，副的"，如 bypass 旁路；忽略（by+pass 通过→从旁边通过→忽略）

②按照不同题材进行归类。词汇的学习应该形成一个学习系统，一旦在学习和生活中触发了这个题材，大脑就会自动将这个对话划归到这个题材中进行检索。这就要求教师帮助学生划归不同的类别，有助于学生的学习。

如图 5-1-1 所示，有许多单词是与"A Pupil's Day"有关的，这种方法可以提高记忆的效率和学习的便捷。

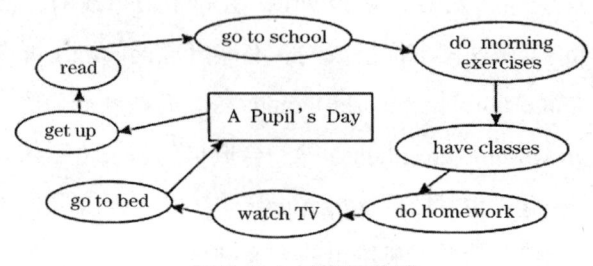

图 5-1-1 按题材归类

（5）联想记忆

以某一个词为中心展开想象，在同一个场景下，联想出与之相关的词汇，越多越好，这样可以提高记忆的效率，对于思维模式的培养也有着不同的意义。

如图 5-1-2 所示，通过单词 meal 可以联想到不同的食物、餐具或者厨房用具等，这些词汇都是通过联想记忆的方法进行拓展，这样不仅可以对旧的词汇进行回顾，也能够不断对其他的单词进行学习。

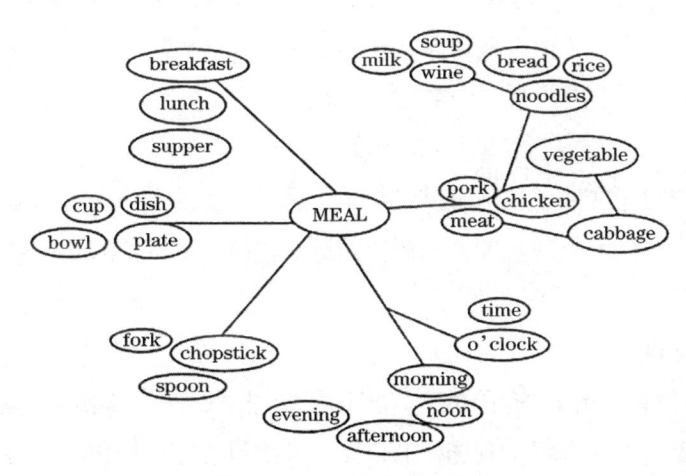

图 5-1-2　meal 的词汇联想

（6）阅读记忆

如果想学习词汇是如何在语境中使用的，或者提高记忆单词的能力，可以在精读和泛读中学习词汇。在阅读的过程中学习词汇，不仅可以加深对于词汇的理解和掌握程度，还可以学习如何结合上下文进行单词的记忆。阅读是分为精读和泛读的，精读可以进行重点的记忆学习，泛读的学习过程是没有意识的，潜移默化的。这两者要结合起来进行学习，一浅一重，能够在他人的作品中学到正确的语法和词汇写作，在上下文中加深词汇的印象，从而更加深刻地学习到词汇。

2. 文化教学法

文化教学法也是大学英语词汇教学中一个常见的教学法，这个方法就是把文化的知识蕴含到词汇中，这样不仅可以使学生学习到词汇的运用，也能够在潜移默化的过程中让学生学习到文化知识。在实际的教学过程中，教师可以采用以下三种方法开展文化教学：

（1）融入法

教师要在课堂中积极让学生开展英语文化的交流，因为在我国的英语学习环境中，学生们难以接触到英语的对话环境，除了影视作品以外也难以了解到英语国家的文化。这个时候，教师应该使用融入法在课堂中进行教学，这样可以及时解答学生在学习课本知识的时候对英语文化产生的难题，与此同时还可以增加课堂进行过程中的乐趣，扩展学生的知识面，让学生接触到英语国家文化不局限于书本和课堂，这样也能够使学生更加易于接受课程的内容。比如，Roger这个词，学生知道是一个人名，但是在许多影视剧中是指"收到"的意思。这个时候，教师可以向学生展开美国影视剧中常见的口语表达，开阔学生的思维。

（2）扩充法

在课堂的时间之外，教师可以组织学生进行自发的学习，可以通过多种多样的形式对词汇进行课外的延伸，从而学到更加口语和地道的表达。这里有三种方式进行展开：

①阅读材料

课本的材料知识面是有限的，许多词汇的用法被课堂和教学任务限制住了，因此教师对于词汇的讲解是有选择的，而学生如果想拓展知识面，可以对课外的名著或者期刊进行有选择地阅读，如今市面上的教辅材料种类十分繁杂，这个时候就需要教师对学生的阅读材料进行选择了。比如英国的书虫系列，为学习者划分了学习的年龄段，还有双语的学习材料，既可以学习到词汇，也能够对名著的故事产生文化交流的感觉，丰富学生的文化交流知识，学生自主选择课外阅读的方式既能够让学生学到更多的词汇用法，也能够培养学生的学习能力，从而提高学习词汇的效率，取得更好的学习成果。

②开展丰富多样的实践活动

文化教学法不仅要求学生对于英语语言的文化知识有着相当的了解和掌握，而且还要具备一定的实践能力，实践能力就是指在人际交往的过程中，不断练习自己的词汇，感受中外文化之间的不同之处，在实践中能够对自己掌握的词汇进行运用归纳，在交流中感受文化，在文化中体会学习。教师要做的是利用身边的学习资源，利用多种形式为学生进行英语的实践活动，从而让学生在文化交流中学习不同的文化，在合适的外语语境中学习到词汇，掌握到知识。

③观看英语的影视剧

英语国家的电影和电视剧中的口语表达非常实用,而且在许多的表达中都包含着英语的社会文化,非常适合学生词汇量和文化的增长,教师要为学生挑选出适合他们观看的健康有益的影视剧作品,这些影视剧作品必须是健康积极向上的,而且能够引发学生学习的趣味,从而提高学生学习的效率。

(3)分析对比法

在课堂的教学过程中,教师应该具有对于英语和汉语分析对比的意识,让学生了解中外文化的差异层面,而且能够对不同文化的表达方式有一定的敏锐度,以后能够举一反三,见到词汇就进行对比的学习,这样能够加深学生对于词汇的学习和记忆。

比如,学生可以比较不同的国家名称翻译,来学习英语词语的音标和发音,来达到扩展英语词汇面的目的。

三、英语语法教学方法

(一)语法的定义

所谓语法,即在语言中运用的规则与惯例。在英语学习中,语法是其重点与难点。随着英语教学改革的推进与深入,英语教学对于听说能力更加重视,也建立了新型的教学模式,但是在英语语法教学中,受传统思维的影响,语法教学并未发挥出其实际的功能。

英语语法的教学在英语的教学中有着举足轻重的作用,因为语法的学习是学生能够获得语言内部结构规律的一项内容,而且掌握了英语的语法,就更有利于学生在英语方面的表达,有利于学生表达能力的进步,能够更好地学习语言知识,达到融会贯通的目的。

(二)英语语法教学的现状

1. 教师方面

(1)教学目标模糊

教师教学目标的模糊情况偶尔也会发生,因为一些教师受到大学英语教学的进程影响,很多教师的教学方式还非常的传统,要想在一段时间内改变传统的教学方式还是非常困难的。在这个问题上，最突出的一点就是教师认为语法的教学只要集中在语言形式的讲解上就可以完成教学任务了，也就是说只集中在课本文章上的词汇和句子意义的讲解上了，而在最重要的语法方面却忽视了。因为语法在讲解上是最费时间和精力的，如果学生的语法组织不够完善，那么未来的写作和句子的组织也是非常棘手的一个问题。

英语教师讲课时如果只是顾及教学任务的完成，不断为了应试把课本划分成不同内容的重点，这样就是最传统落后的教育方式。按着教材涉及的内容进行死板的讲解，没有明确的教学目标，这样就是本末倒置，忽略了最能帮助学生发展的语法讲解，而且这样的讲解也会存在一些知识点的遗忘，在缺乏情景语境锻炼的情况下，缺少帮助学生进行拓展的课外阅读材料。

（2）教学观念老旧

英语教师的教学观念受传统教学模式的影响很大，思维也因此而固化，这样的现象可以说改变起来不容易。教学方式的老旧具体表现在语法的教学过于机械，缺少教师自己的加工和创新，课程的教学目标主要是让学生利用常见的词组固定搭配，进行语法的组合和改写，这样一来学生们就不知道该如何使用语法，从而导致语法上漏洞百出，也就无法应用到合适的语境和场合了。

因为在当前的教学环境下缺少能够让英语教学进行配合的教学语境。在这样学习语法比较困难的条件下，教师应该积极地发挥向学生说明的作用，为了更好地提升语法的教学效果，教师应该利用多种教学手段对学生进行说明，使学生能够清晰概念，然后实现实际语境和教学的有效结合。

（3）语法教学方式单一

在语言技能方面的教学，难免会对所要掌握的定义和知识等进行单方面的输出，或者使用多做题的方法对所学的知识进行重复的记忆，这样的教学方式会让学生感到枯燥无味。学生很早之前就对这种单一的教学方式产生了厌烦的感觉，但是这种方法是当前最有效的语言语法教学，教师即使一直重复知识点也难以让学生真正掌握语法并学以致用。最终会导致学生们看似掌握了语法的知识但是自己开始用语法组织句子的时候，就不知道应该如何应用了，不能做到融会贯通、学以致用。一旦一个句子中出现了好几个语法的知识，就难住了学生。另外，在批改作业的过程中，也能够体现出语法教学方式的单一性，因为教师在指导学生的时候往往会采用明确指出学生错误的方法，然而这样往往导致学生忽略发生错误的原因，没有自我发现问题并改正问题的过程，下一次也有可能发生同样的错误，教学的成效难以保障。

（4）思维能力重视不足

由于英语教师的教学方法受到传统英语教学方式的影响较为严重，教师会面临很多的教学问题，教学的问题不是一个方面，而是多个层次的，严重干扰了语法的教学。学生语法的获得主要依靠于教师的讲解，然而教师的思维受到传统语法教学的禁锢，缺少语言实操训练的环境，这样单一无趣的学习环境会导致学生的积极性下降，影响学习的效率。另外一个方面，在传统的语法教学中，教师缺乏对于学生思维能力的锻炼，导致学生对于语法的意义和语法结构的来源和特点不是很清楚，这样的学习会让学生产生对于英语语法学习的误解，他们会认为语法的学习就只是简单的语法规则的学习，而忽视了对语法意义和语法结构的思考。此外，教师在教学的过程中也没有使用多种的语法材料来对课程的内容进行进一步的充实。在这些因素的影响下，学生们的学习思维就被课本所束缚住了，难以和具体的语法用法联系起来，从而认为语法的学习非常的简单枯燥，在这种观点的影响下，学生学习语法的兴趣也会越来越少，最终影响到对语法的学习，进而影响到对英语这门学科的学习。

（5）忽视英语语言情景

语法只是英语学习中一个很小的部分，英语的学习应该结合语法的知识，而学习语法最重要的目的就是结合具体的情景进行。目前高校的英语教学中存在的语法教学问题还有很多无法解决，其中一个很重要的问题就是不能为学生的学习提供合适的语境，语境不足的问题会受到各个地方师资力量与当地经济发展水平的限制，这个问题非常棘手，还存在一定的困难。学生没有特定的语言环境，也没有一个长时间联系的适宜学习的环境，即使可以在教师安排的语境中学习，也是不够理想的。解决实际问题的要求也是无从谈起的。

获得与他人进行交流的能力是我们学习语法乃至于学习英语最重要的目的，这是我们在学习的过程中必须清楚认识到的一点，其他的学习都是为了能够流利地和他人进行交流。现在的大学英语教学中，学生在学习的意识上很容易形成错乱，比如说不清楚语法情景和语法规则的用处，这样的错乱意识会减弱学生在实际情景下利用语法知识表达的水平,而出现这种现象的根本原因就是教师有做得不到位的地方,就是将语法的知识和所在语境的情景相分离了。

2.学生方面

(1)对于语法的学习缺乏兴趣

语法的教学是英语教学中一个很大的难点,这是由于语法的教学具有类别多、用途广泛和记忆难度高的特征,而语法又是语言学习中必不可少的一个部分。这几个特征给学生的学习带来了很大的难度,学生们刚一接触语法就失去了兴趣。这样的现象给英语教师的教学带来了更大的难度,也提出了更高的要求,而且,有调查研究显示,有很多对英语失去兴趣的大学生是因为语法的难度过高,使大学生们产生了畏难的情绪,在这种情绪的影响下,如果教师还要采用传统的教学方法的话,会让学生的排斥心理越来越严重,最终就会不愿意上英语课,完全丧失对于语言学习的兴趣。在这种情况下,教师应该积极主动地走出教学的舒适圈,以学生作为教学内容的主体,激发学生的学习兴趣,只有让学生产生了兴趣,才能够让学生愿意学习语法、学习英语。教师可以从以下几个方面着手:第一,对于教学的过程有所创新,激发学生的好奇心;第二,教师要从语法的教学内容着手,课程的内容要适合大学生的学习习惯;第三,丰富教学手段,采用多媒体或者小组教学的方式改善学生的上课体验。

(2)对于语法的感知不够到位

从大学英语的教学经验来看,学生们在日后的人际交往中如果没有感知语法的能力,对一个人表达的意思出现错误的判断,就算是在英语考试中的书写也会存在一定的难度,比如学生如果没有对语法有一个全面的认识,那么他在文章书写的时候就会产生错误,因为语法的错误会导致整个文章出现歧义,所以我们说语法的错误是非常不利于文章的写作的。语法感觉的锻炼需要我们在平时进行阅读中积累,这样才能够逐渐锻炼出对于文章内容的感知,积累到一定的阶段就可以察觉出对于语法的错误应该如何改进。这就要求学生在日常的生活和学习中培养自己的语感和语法的知识。

(3)对于英语课外阅读的重视不足

英语学习的环境构建可以帮助我们更快地完成二语习得的过程,因为一门语言的学习不是一个方面就可以完成的,而是在各方面都要融会贯通。那么需要英语学习的环境对于学生就有了很多工作要做，理想中的英语学习状态是在课上学习要及时做好记录，课堂外还要根据遗忘曲线进行运用和掌握。然而在学生实际的学习情况中，知识和实践不能及时地进行结合，学生用汉语进行英语的转述，这样记忆会给英语的学习造成阻碍，学生要不断利用英语进行英语的转述和表达交流。虽然这种习惯是由于语法学习大环境所导致的，教师的教学方式也很难改变，但是也还有解决的方法，就是学生自己要寻找学习的资源，特别是自己在课下寻找适合学年度学习的素材和名著，不仅能丰富自己的词汇量和语法，还能够培养自己的预感，开阔眼界，这样一来，慢慢地就会对阅读产生了习惯，从而更好地理解文章和语法的含义，就形成了自己习惯的语法环境，在学习的过程中可以更加容易理解文章的意思了。

（4）不能连贯地掌握语法的知识

目前，中国的学生从小就接受英语教育，经过几个阶段的基础知识的巩固，学生进入大学后对英语的熟悉程度较低。虽然学生获得了一些知识，但这些知识没有得到系统的组织和传授，导致知识零散，缺乏核心。

（5）缺乏科学的学习方法

今天的中国教育依旧被应试教育深刻地影响着，成为一代代中国学生难以磨灭的记忆，虽然有一些积极的变化，但是不足以改变整个教育体系。在这种学习环境中，教师仍然是教学的中心，学生只是处于被动接受知识的地位，对学习英语语法产生的兴趣很一般，教师改变了教课的内容或者新的教学方式才产生了一定的兴趣。这种现象已经出现了很长的时间，产生的原因也是多方面的。

从客观的角度来看，语法知识是零散的，很多方面的准则都需要记忆，因此很难在一段时间内形成一个完整的认知整体。从主观上讲，这是由于学生本身在学习上缺乏主动性，以及缺乏及时的指导和缺乏足够的科学方法的支持。这些原因加在一起，构成了英语语法教学缺乏进展的主要原因。从本质上讲，大学生是自主的个体，具备了独立学习的条件，他们能够通过查阅资料或使用互联网，自行学习、搜索或获得知识，然后在自己的学习中应用这些知识，帮助自己提高语法学习。

(三)英语语法教学原则

教师如果要提高大学英语语法学习的效率就要利用科学的原则来改善大学英语语法教学的情况。

1. 坚持交际原则

大学英语语法教学的主要目的是培养学生的人际交往能力，教师需要遵循交际教学的方法，使他们能够在实践中利用语法知识。在实施这一原则时，教师可以采取两种方法：第一种方法，应引导学生遵循多多益善的原则多读书，因为阅读可以使学生意识到语法是有生命的，它在语言中起着特殊的作用。第二种方法，交际模拟是利用模拟情境进行的。在必要的语法练习的基础上，教师应尽可能地利用实物、图片、活动、表演和电化等手段，创造出虚构或者半虚构的人际交往活动，让学生在其中感知、理解和学习语言，最终能够发现语法的实际使用能力。

2. 坚持系统原则

缺乏系统性是中国英语语法教学的一个普遍问题。这可能导致学生在记忆语法知识时非常孤立和效率低下，对一些类似的概念理解得模糊不清，结果就算一个学生学习了很久的英语，在英语口语和写作中也容易犯很多简单的错误。事实上，语法并不是无序的，它有自己的内部规则，但它看起来杂乱无章、支离破碎、孤立无援。因此，学生在学习某一语法单元时，应注意相关语法之间的关系，从而形成一个语法系统，称为语法教学应相应遵循的系统原则，对学生记忆和掌握语法知识非常有帮助。

3. 坚持真实原则

大学英语语法教学也要注重基于真实性原则来进行教学，这与交际的原则密切相关。语言学习就是为了更好地交流，在交流过程中必须力求真实。因此，语法教学必须是实事求是的。当学生在口语中体验语法时，是交际生活中的一个重要组成部分，而不再只是一套让人无法理解的规则。这种真实性的使用提高了学习者的学习兴趣和对语言使用环境的理解，从而在学习效率上有显著提高。

4. 坚持情景性原则

大学英语教学应该多多采用情景教学法来培养学生的语法能力。特别是在教学过程中，教师应更加注意总结学生中流行的话题，在以生动活泼的方式向学生介绍这些话题时，应创造适当的情境。为了使学生接触到真实的情景，教师还可以利用时事和新闻为学生提供贴近生活现实的语法练习材料,以达到在真实的生活环境中练习语法技能的效果。

5. 坚持精讲多练原则

以少讲多练为原则是大学英语教学应遵循的原则。英语的语法规则相当烦琐,所以在讲授语法规则时,要避免冗余,尽量一语中的,言简意赅,并充分利用教具,用某种图画式、形象地把学生带到"我知道语法"和"我想知道语法"之间。这使学生能够从"了解语法"到"掌握语法"。这之后通常会有大量的练习,这些练习应该是丰富多样的,比如从英文翻译成中文,纠正错误和抄写。此外,所举的案例应与学生的实际生活和工作有关,尽量做到保持最新的,尽可能避免过时陈旧的例子,选择的方式应能够对学生的思维有着积极的鼓励作用,鼓励他们积极主动地参与教学活动。

6. 坚持循序渐进原则

由浅入深、由简单到复杂是符合人们对于事物的认知过程,学习语法也同样如此。根据这一规则,教师在教学中应由浅入深、由一般到具体。此外,教师在讲解语法点时,应该不断循环,要根据具体的情况重复,而不是简单地重复,使学生在"知道—理解—领会—应用"的过程中学习语法。语法学习的过程要根据语境的不同进行变化和修正,而不是进行简单地重复。

7. 坚持文化关联原则

文化和语法之间的密切联系是受到了文化与语言的紧密关系的影响。在大学英语语法教学中,有意识地将语法与西方文化联系起来,将英语还原到对话发生的语境中,教师应注意文化因素对学生学习的影响,文化的影响能够帮助学生对语法知识的背诵和运用。综上,想要加深学生对语法的认识、提高学生的语法使用正确率,教师要在英语语法教学中采用文化相关性原则。

8. 坚持以学生为中心原则

教师的所有教学应以学习者为中心,这是现代教育理念所倡导的,语法教学也应该遵循这个教学原则。学习不仅仅是一个获取知识的过程,而是学习者共同参与各种学习活动的过程。学习者才是英语学习的主体,在这个过程中,外部语言输入是一个重要的学习过程,但更重要的是学习者个人与他人的交流中对输入的加工、转化和内部生产。教师应该为学习者提供更多使用语言的机会,而不再只是进行单方面传授语言技能的工作。因此，教师应该改变与学生之间的关系，以学习者为第一，并且在词汇的讲解方面，应该减少刻板的知识讲授，安排更多的词汇应用。

（四）英语语法教学方法

1. 语法复习课

通常语法复习课都是通过专题的形式来体现的，我们可以从时间维度的角度将其进一步划分为单元复习、月度复习和每个学期的专门复习等不同的类型。单元复习法相对其他形式来说是比较简单的，也是基础的阶段，其作用就是巩固前面所学和为学习新知识做准备。现在比较常见的一种教学英语方法是课内与课外相结合的方式，也就是课下先自己进行学习，然后概括出单元中所涉及的重点和难点问题，在随后的课堂活动上大家再集思广益、广泛交流，通过进一步的讨论，会加深大家对知识的印象并提升自己的认知。

总结性的语法学习综合主要体现在月度复习和每个学期的专门复习上，换句话说，就是可以将语法复习课概括为比较、概括、归纳和总结四个方面。采用这四种方法的目的在于可以在一个相对完整的环境中去理解语法现象中存在的异同点，这都是为实现教学目标而做准备，是为更好地运用语言奠定基础。

学生需要认识到的是归纳和总结的目的在于提升自主复习能力。而从教师的角度来说，需要在正式的课堂教学活动之前帮助学生预习相关的语法规则及适用的条件等内容，以便在进行课堂教学时可以提出有针对性的问题，然后有的放矢。比较方法的运用主要是为了使学生的语法可以与具体的语言环境相适应，主要分为内部语法现象之间的比较和母语与所学语言之间的语法比较等。通常来说，英语与汉语之间的语法比较是很宏观的，因此在课堂教学中几乎不会出现以显性教学为基础的内容，两者之间采用的是以英语为主的内部语法比较法。

从教师的角度出发，在进行教学设计的过程中，如果想尽可能地提高学生对语法复习课的掌握能力的话，采取比较的方法对语法现象来说是非常有作用的一种方法。精准的展开包括了两个方面的含义：第一，教师应该非常了解要进行比较的语法现象，找出英汉语法之间的异同点；第二，要对两者之间容易出现分歧的地方有一个整体认识，以便可以及时制止错误或者是提前意识到错误而将错误率降到最低。

只有比较的内容比较精确或者描述的是有意义的，这样的比较才有成效，要想比较的成功必须描述得十分透彻，比如，要对一个动词的一般过去时和过去进行时进行比较，那么我们首先要做的就是确定这两者之间的时间维度，这是两者之间共同存在的一个要素，而这也是学生最容易产生混淆的地方。但是如果想要从根源上解决与时间相关的问题，就必须要弄懂时间后面所代表的时态。举个简单的例子，如下例句所采用的时间都是相同的，即"last night"，但是整句的核心在于动词的时态上。He finish the work last night（他昨天晚上完成了工作）；He was finishing the book last night（他昨天晚上一直完成工作），从翻译上我们可以看出，前一句主要强调的是读书这个动作已经在过去完成，而并不在意这个过程到底持续了多久。而后面的句子从翻译中可以看出，强调的是动作在某一时段内的持续性，而完不完成并不是所关注的重点。如果再讲得深入一些，就是对动词的一般过去时、现在完成时和过去完成时的比较，而此时就不能单纯地将重点放在对时间的关注上，更重要的是弄清动作完成、存在状态与时间之间的关系等。如果可以将这之间复杂的关系认清，那么教师接下来在准备教学设计的时候就会游刃有余。

2. 语法新授课

在英语课堂教学中语法课可以分为新语法课和语法复习课。新的语法课可以分为两类：第一类是隐性语法课，其主要目的是发展学生的语言技能，其隐性特征涵盖了广泛的英语语言技能，可以作为语法课的基础。从语法的规定上讲，这种课不属于语法教学的范畴，但它是课堂上英语教学的一部分，因此属于语法教学的范畴。第二类主要依靠语法教学，对其他相关技能的培养放在次要地位，是字面意义上的直接语法教学，在语法教学研究中受到更多关注。

在间接语法课中，教师的任务是教授语法，学生在教师的帮助下学习语法现象，通常是在语境中或通过教师产生的或教师描述的活动来学习，这些活动在本质上是不同的，不过具有相同的特征。教师在这个过程中需要做的就是时刻关注学生在参与活动时的状态，分析每个人对语言的模仿和构建能力，使得最终的统一教学目的可以实现。

如果学生对一个曾经出现多次的语法现象已经有了相当的了解，但是其深刻的意义还没有完全弄清楚,这种情况就为直接语法教学的应用提供了条件。我们也可以将其理解为由于学生自身因素的限制,即使是面对相同的教材,他们的理解程度也是存在差异的,这也决定了是否可以采用专门的语法教学,甚至是学生是否需要就语法现象向老师寻求帮助。在现行的大学英语教材中,内容上还主要强调其功能性,语法知识是渗透在文章内容中的,这就导致了学生学习英语的过程是先感知,再认知。基于这种现状,有的大学英语教师用了一个还算比较贴切的词来形容这种状态——不尴不尬。之所以大学英语教师这样形容学生与语法教学内容之间的关系,我们可以从以下三点看出端倪:第一,由于每个学生自身条件的不同,那些成绩相对比较突出的学生对于多次出现的语法现象已经可以准确认知并合理利用了。第二,虽然经过一段时间的语法学习,有很大一部分同学可以实现很好的口头利用,但是由于他们实际上还是缺乏一定的对使用原则的真正理解,因此在使用的正确性方面还是存在一定不足的。这一现象也对以语法教学为主的课堂造成了一定的负面影响,这就使得有些学生产生了厌学的情绪。第三,从积极方面来考虑,教师可以充分调动起学生的学习积极性,因为语法的现象为教师提供了资源的利用,让学生在已掌握知识的基础上自己归纳出规律并适当加以拓展,使自己的知识获得全面发展,为日后的学习打下良好基础。另外,学生之间存在的差异也是进行语法学习的有效资源,当在课堂中遇到无法解决的难题时,可以组织学生内部开展小组讨论,形成组内互助,然后不断提升学生的学习能力。在以语法教学为主的课堂相对重视渗透性语法教学的课程来说,对准确性和规范性的要求更上了一个台阶。在语法课堂上,语言情景的设计不仅要体现抽象语法与具体材料的有效结合,还要体现学生学习与内容的有效结合。

第二节　英语听力和口语教学方法

一、英语听力教学方法

（一）听力教学的内容

1. 听力知识

语音知识、策略知识、语用知识和文化知识是听力技能教学的四个内容。听力理解的主要任务是对音素进行解码，因此语音知识不仅是语音教育的一部分，也是听力教育的一部分。因此，在进行英语听力教学时，教师需要为学生提供适当的发音、复述、连读、意义组和语调方面的知识。

为了理解听力，掌握一些策略知识、语言知识和文化知识同样重要。如果没有一定的策略知识，学习者就很难为不同的听力任务选择合适的听力风格。缺乏语言知识使学习者难以理解对话的意义和目的，从而影响了听力理解的质量。由于缺乏对目标语言文化的了解，学生很难理解他们在听什么，因为听到的内容是模糊的。

2. 听力理解

听力理解包括两方面内容：一个是对字面意思的理解，另一个是对隐含意思的理解。

3. 听力技能

学生要想完整、准确地理解给定的听力材料，除了需要掌握一定的听力技能之外，还需要一定的听力相关知识。听力技能的教学目标包括很多方面，是因为听力技能包括了很多方面，需要对学生的特点差异和教学阶段不同进行划分。

（二）影响听力的主要因素

1. 主观因素

学生在学习英语的过程中会受到不同的主观因素的影响，我们可以分析如下：

（1）学生的语言水平

学生自己的词汇和语音知识是能够影响学生语言水平的主要因素，这是非常重要的两个方面。

①词汇量

正如标题所示，如果学习者拥有良好的词汇量，他们更有可能听懂文本并找到他们需要的答案，因为他们在听力练习中知道关键词的含义。词汇量是学生听力能力的一个重要方面。一些研究甚至表明，一篇听力材料中有 1/3 的词汇学生已经掌握，他们则会失去耐心。例如，在英国和美国，使用不同的词来表达相同的内容是很常见的。例如，当涉及"厕所"这个词时，英国人习惯于使用"toilet"，而美国人则使用"bathroom"。如果学生不了解这种区别，他们就无法理解文章的意思，他们在听听力材料中的这两个词时就会缺乏词汇，这将使他们无法有效地提高听力能力。

②语音学知识

正确的发音是流利交流的前提条件，所以语音知识对英语听力学习者来说也很重要。许多学习者都有这样的问题：当他们听听力材料时，很难区分熟悉或不熟悉的单词或短语，因此他们不能很好地理解听力内容。事实上，我们不难发现其中的原因，但问题的根源主要在于语音学。因为他们一开始就没有使用正确的发音，所以即使他们认识这些单词，也无法理解它们的含义。这主要有三个原因：学生的难以张口开始发音、母语对于发音的影响和对于英语语音知识的缺乏。

（2）背景知识

一般来说，语言承载的是一个国家的文化底蕴，是文化的一种外在表现形式，其文化内涵是渗透在语言中的，这就决定了如果学生们要想习得一门精通的语言，那么他就要对以这种语言为母语的国家的文化及背景有一定的认识。此外，该国家的人文背景、风土人情也是需要学生重点了解的内容。而对学生来说，由于没有掌握足够的文化背景，所以也在一定程度上影响了听力能力的提升。

（3）学习者的记忆力与注意力

①学习者的记忆力

从认知心理学的角度来看，听力理解的过程被视为一个系统，其中短期记忆、长期记忆和感知记忆共同发挥作用。需要注意的是，主要用于接收信息的知觉记忆在这个系统中起着更重要的作用。尽管我们不断地接收信息，但这些信息是相对有限的。这个感知信息的过程可以被看作感知记忆的功能：部分信息在感知记忆阶段被识别，然后被编码成语言，将感知材料和部分信息结合在长期记忆中。这一信息编码过程可以通过两种方式进入短时记忆：第一，如果检测到的信息进入短时记忆，可以直接转化为短时记忆；第二，如果知觉材料与长时记忆中的信息相关，长时记忆中的部分信息可以转化为短时记忆。在这个过程中转化为短时记忆的信息被认为是可以用语言表达的高兴趣信息。这方面的信息已经被许多研究人员研究和讨论过。据他们所说，学生的短期记忆是一个影响因素，在听力过程中起着重要作用。这意味着，如果学习者有非常好的短期记忆，他或她在听英语时就能识别很多细节，比别人更好地理解材料。

②学习者的注意力

注意力是一个非常抽象的东西，不可能通过观察来详细描述，其中的细节部分甚至很难解释，所以随着时间的推移，人们逐渐忘记了这个因素对学习者英语听力能力的影响。然而，关于注意力的学术研究并没有停止，许多研究人员有不同的观点和看法。最具代表性的理论之一是鲁宾的理论，他发现听众在听材料时的注意力会影响记忆，对于理解材料的内容也是如此。此外，认知心理学认为，人们能够适当地处理听觉材料，自动和控制过程之间存在差异。自动过程更容易实施，不需要大量的精力和时间，而控制过程则需要注意。例外的情况是，当一个自动过程处于低水平时，注意力可以发生质的变化，然后可以直接作为控制因素使用。

（4）情感和心理因素

不仅外部因素影响学生的听力水平，而且他们自己内部的情绪和心理因素也成为限制他们改进的一个重要方面。心理学家说，当一个人非常焦虑和恐惧的时候，他就无法冷静，所以即使是原本可以理解的简单内容也很难理解。

①学习态度

态度是一切行动的先决条件，好的态度会带来好的结果。英语听力教学是一个需要与学习者互动的学习过程，而学习者对学习听力的态度在其中起着重要作用。在某种程度上，英语听力能力的提高与所付出的努力和注意力呈正比。换句话说，只有当学习者以积极的态度完全投入学习过程中，才能克服其他所有的外部因素，充分发挥主观能动性，从而使英语听力水平不断提高。

②学习信心

信任对实现愿望有很强的心理影响，甚至可以看作成功的先决条件。虽然我们知道学习英语听力不是一个简单的过程，但可以通过各种方式进行练习。在这一点上，学习者必须有坚定的信念，相信自己能够实现目标，赢得最后的胜利。然而，如果在学习英语的过程中遇到挫折时，学习者开始退缩，认为这是不可能的，并怀疑自己的能力，他们最终可能会失败。这同样适用于英语听力：如果你一开始就对自己没有信心，对你所听到的内容持怀疑态度，就会发现今后很难发展你的听力技巧。

2. 客观因素

显而易见的，影响听力能力提升的客观方面的因素有两点，分别是听力材料不足和环境因素。

（1）听力材料不足

就现在的大学英语教学现状来说，高校内所使用的听力材料有很大一部分都是英语教师自主选择或是没有经过系统分析的，有些就与学生的阶段能力不匹配。针对这种情况，就需要教师从学生的实际出发，选择一些具有针对性的练习材料，否则即使进行再多听力练习，其结果也会事倍功半。我国大学生的听力能力的培养在一定程度上受到听力材料的影响，而我国的一些听力材料是不相匹配的。

（2）环境因素

在高等教育中，分配给英语教学的时间是有限的，而分配给英语听力的时间则非常少。在这种情况下，英语教师必须找到自己的方法，给学生一些时间，在特定环境中提高他们的听力技能。更为严重的是，一个班级的学生人数太多，教师不可能接触到每一个学生，这就影响了教学效果。

（三）英语听力教学的原则

1. 综合性原则

英语语言技能是相互联系的，为了提高学生的英语听力水平，我们需要注意听力与其他一些技能之间的关系，将输入技能训练与输出技能训练有机地结合起来，提高学生的整体英语水平。

教师可以使用听力、听说结合、听读结合、听写结合、视听结合等方式进行听力教学。这不仅丰富了听力课程，而且活跃了课堂气氛，培养了学生的自主学习能力，使他们在轻松的氛围中提高英语水平。

2. 情境性原则

为了有效地学习一门语言，学生往往需要与他们周围的世界进行有效的交流。只有在自然和舒适的环境中，学生才能与周围环境互动，获得真实的语言体验，从而真正提高他们的听力能力。因此，听力培训需要根据情况进行调整。一个好的课堂环境不仅需要教师，还需要教师和学生的共同努力。只要学习活动是有效的，良好的氛围是一种心态，也是一种精神体验，当教师和学生的需求得到充分满足时，就会出现学习的氛围。只有在舒适自然的课堂氛围中，我们才能创造出贴近学生母语的自然语言学习环境。

3. 激发兴趣原则

提高英语听力技能是一个循序渐进的过程，而且听力是一项枯燥的活动，所以学生很容易放弃。如果学生看到自己的进展缓慢，就很容易对听力甚至对学习英语失去兴趣。因此，激发学生学习有效倾听的兴趣很重要。在教授听力之前，教师需要了解学生的兴趣，即他们喜欢哪些听力活动，对哪些听力材料感兴趣等，这对于激发学生学习听力的兴趣至关重要。在此基础上，教师应选择适当的教学方法，激发学生的学习兴趣，调动学生的学习积极性，保证听力教学的顺利实施，提高教学效果。

（四）英语听力存在的问题

1. 听力学习方面

（1）语言知识障碍

①语音障碍

有些学生发音错误，尤其是那些发音非常接近的单词，通常无法及时区分。

②语言上的速度障碍

教师的语速通常比较慢，所以学习者会养成适应这种缓慢语速的习惯，其结果是当他们遇到快速的听力内容时无法适应，特别是对于一些需要不断阅读和重复的变化，一段时间后会变得过于疲惫。

③词汇障碍

学习者对英语词汇的掌握仍然略低于对外语词汇的掌握，单词知识不足和单词模糊等情况会导致学习者的理解出现偏差。

（2）母语干扰

相当一部分学生在接受语音刺激后，习惯于用母语习惯进行翻译，然后直接理解，而不是经过一系列复杂的程序，按照英语习惯进行现场翻译，然后再进行理解，这实质上是否定了母语的翻译效果，忽视了英语思维的直接应用，从而改变了最终听力反应的速度，并在不同程度上减少了记忆的数量。

（3）教学设计不合理、形式单一

从教师的角度来说，在大学英语教学阶段，很大一部分教学时间是没有给学生安排相应的听力教学的，即使有，形式也是相对比较简单的，并且在课程难易程度的设置上也是不太科学的，这一系列的原因导致了课堂听力教学活动不能流畅地进行下去。因为每个学生的接受能力是存在一定差异的，而有的教师却不能正视这种差异，为了保持教学的一致性，他们甚至会直接将听力材料公布出来，而且后续也没有进行相应的辅助活动，可想而知，这样的对照式听力训练是很难使听力得到有效提升的。

（4）听力教学目标不明确

明确的目标和要求是顺利并最终成功保证听力教学的关键。

在听力教学过程中，教师对学生有充分的控制权，如果学生在学习过程中遇到了问题是可以及时反馈给教师寻求帮助的，以便将问题集中体现出来。但是也有部分教师在制定听力教学计划的时候，为了照顾大部分学生的学习进度而忽略学生间的差异性，从而使用一些过于笼统和概括性的词汇，如理解文章大意、听懂材料、完成目标等，这样的教学目标是缺乏一定的针对性的，由于缺乏阶段目标而只会是"眉毛胡子一把抓"，这样的教学效果也是无法令人满意的。

（5）忽视听力训练

为了让学生获得更多实践练习的机会，从而掌握有效的方法，这样效果也会得到明显提升，这是大学阶段进行英语听力训练的原因。只是有些大学英语教师在进行听力训练的过程中，由于无法系统地进行选择性的精细听力训练，而且也缺乏一定的针对性，对学生反馈的学习问题不能进行及时反思与解决。这主要是因为大学英语教师受传统教学模式的影响还是很深的，他们觉得只要多加练习，听力能力就能有效提升，殊不知这并非一个必然的因果关系。而且这种训练方式对学生来说也是比较枯燥和乏味的，这样的教学效果也是可想而知的。

2. 教师方面

目前，大多数高校英语教师认为听力教学的主要目的是传授知识，忽视了对听力教学所需的心理素质的培养。由于这种情况，一些学生在收到听力信号后，可能会因为负面情绪而无法在最有效的时间内做出反馈。如果教师不能发现学习过程中的这种心理压力，并帮助学生克服这种压力，可能会妨碍学生在听课过程中实现他们的预期目标。关于听力的研究进行中，一些研究人员已经分析了影响学生听力技能的心理因素。如果学生不具备良好的心理素质，他们在听课时就会非常焦虑，甚至产生抵触情绪。这对不具有良好心理素质的学生的学习成绩有很大影响。因此，教师不仅要关注学生的学习能力，还要关注学生的心理状况，如果发现学生在学习过程中反应不佳，应及时帮助其缓解，从而保证最终的学习效果。

大学英语听力教学受到很多因素的影响，不仅有心理因素，还有对学生听力技能教学的不足。因此，学生在听力教学中没有足够的针对性，这可能导致学习效果不理想。

3. 学生方面

目前，听力能力的缺乏是制约我们学生英语水平提高的一个因素，而且这个问题也越来越明显。事实上，仔细分析可以发现，其原因可以从以下三个方面来解释：

（1）大学生平时的阅读能力相对有限，导致对英美文化的认识和理解比较肤浅，这在一定程度上阻碍了大学生的英语水平。如果学生没有机会获得对英美文化的基本了解，他们就不能很好地掌握这些国家的思维方式和价值观，这在一定程度上阻碍了听力技巧的掌握，也影响了对听力材料的理解。

（2）由于我国英语教学过程中受传统教学模式的影响，目前有些公立大学的英语听力训练缺乏，再加上受教学条件的限制，学生听英语的时间较少，缺乏必要的英语听力训练环境，即使进行了英语听力研究也很难进行。虽然对英语教学进行了研究，但强调了母语思维转移的消极方面。然而，我们必须明白，这两种语言在表达形式上有很大的不同，但这种对母语的过度依赖对英语教学并没有非常积极的影响。随着时间的推移，它会导致英语教学体系的崩溃，因为学生的听力水平越来越低，而社会对学生听力水平的要求和期望越来越高，直到双方的冲突达到高潮，变得不可调和。虽然一些大学意识到了这一点的重要性，并在广播站开设一些校园广播节目，希望学生能充分利用这些资源，来改善那些听得少的学生的学习状况。

（3）大学英语听力教学的过程受到各种因素的影响，包括内部和外部因素。一个起着重要负面作用的内部因素是学习者的心理抗拒。目前，有些公立大学仍在评估学生的英语四级和六级考试成绩，并将这些考试成绩作为衡量学生英语水平的指标，这当然是片面的，从整体英语水平来看，既没有科学依据，也不可取。由于学校对考试的信任过高，学生有一种误解，认为考试是学习英语的唯一途径。大学英语四级和六级考试的重点是测试学生的基本语法技能，并进行有限的听力测试。对此，有些学生干脆绕道而行，认为自己的英语听力能力不是强项，如果想在短时间内提高，就必须投入大量的时间和精力，但大学阶段的学习时间已经非常有限。他们更喜欢学习识字，这构成了他们课程的很大一部分。这样一来，即使他们在期末考试中英语成绩因听力问题导致不理想，为了达到一般标准，就用阅读能力或其他能力来弥补。如果我们从英语教学的总体目标来看，这是一种非常不理想的学习方式。

（五）提高英语听力的策略

1. 做好语言信息输入

目前，大多数教师在听力教学中重视语言信息的输入，但对非语言信息的输入却不够重视。在课堂上，当学生接触到语言信息时，应该为他们提供一个生动、有趣和真实的听力环境。教师应根据学生的需要计划各种听力活动，以提高学生的兴趣和积极性，避免单调的听力活动。

2. 选择恰当的听力材料

一套好的材料能激发学生的学习兴趣和动力，是实现学习目标的必经之路。在选择听力材料时，教师应注意材料的复杂性，根据学生的语言背景、学习阶段和不同需求，选择略高于学生语言水平的可理解材料，并根据语言学习的规律，注重语言信息和非语言信息的针对性。在适当的时候，教师可以向学生介绍与他们所听材料有关的背景知识和相关词汇，以便学生在参与课堂活动时能够更好地理解他们所学的内容。

3. 利用多媒体和网络技术

由于多媒体和网络技术的快速发展和演变，多媒体语言学习系统也可以用于听觉学习活动，在辅助设备和大屏幕投影仪的帮助下，可以向学生展示视频和多媒体 CD 节目，用于课堂多媒体演示和电影放映，以及丰富的信息资源，如经典英语电影、真实录音、在线信息等。多媒体和网络技术的结合使课堂上的英语听力教学既生动又直观。同时，在课堂之外，在多媒体教室、校园网或电视上，可以定期向学生播放英语原版电影、英语国家社会和文化主题的纪录片，并让学生自己在互联网上找到有用的在线视听资源，自学"走在美国"和其他的情节对话等，这有助于内化非语言信息。有助于克服学生听力理解方面的紧张心理，培养良好的听力习惯，进一步提高教学效果。

4. 加强对学生微技能的培养

听力教学应加强发展学生的微观技能，即他们识别声音、提取关键信息、预测和猜测单词的能力。

（1）在声音识别方面，教师应首先让学生进行练习，如听单个声音和句子，逐渐过渡到句子或章节。通过听力，学生对英语的语音、语调和流畅性有了一定的了解。

（2）提取关键信息的能力是一项基本的听力技能，它要求学生对听到的内容进行选择和分析，以了解主要内容。在学习过程中，教师要培养学生分析冗余信息和选择关键信息的能力，要注意学生对所听材料整体意义的理解。

（3）预测也是一项重要的微观技能，要求学生通过上下文预测说话人要讲什么，意义是什么。教师可以通过提出与所听材料有关的问题或在听力教学前介绍背景知识来鼓励学生思考；也可以教学生预测语调；还可以引导学生根据句法结构和单词的含义预测会发生什么。

（4）听力理解并不意味着理解每个单词，但某些词汇在听力理解中起着非常重要的作用。教师应鼓励学生根据听力材料中涉及的话题、话语、先前的知识等对词汇进行适当的猜测，但听力理解是这个过程的关键部分。

（六）英语听力教学方法

如果英语教学效果想要得到科学提升，英语听力教学是需要用一定的科学方法来作为指导的。随着英语教学改革进程的推进，英语听力教学的研究随着各英语教学改革进程的发展也在逐步深入。只不过高校进行英语听力教学时要意识到这个过程是需要一定时间的，不能急于求成。同时这也决定了英语教师在进行听力教学时中，选择的方法要从实际出发，要与实际的教学条件和学生的学习能力相适应。总体来说，如果要对听力教学进行划分的话，我们可以从不同的阶段入手，因此就有了初级和高级之分。初级阶段的重点是要弄清楚学生对听力学习的兴趣高低，而高级阶段就上升到了知识技能层面。以下便是分别从这两个阶段出发所总结出的相适应的提升英语听力的方法：

1. 初级阶段教学方法

语音是影响听力能力的一个重要方面，甚至可以说是前提。而语音能力又包括听音、辨音两个方面，因此英语教师在进行初级阶段的听力训练时要特别注意这方面能力的提升。

（1）根据听力材料默写

在听力练习中，使用听力材料的复制品是促进听力的一个非常有效的方法。然而，需要注意的是，听写过程对学习者来说也是一套认知活动。

听写是学习者练习听力技能和快速确定所听到的声音的含义的一种方式。

在听写的过程中，学生在练习"拼音"的同时，也加深了对单词的印象。另外，这种方法也可以用来听句子和短文。唯一重要的是，学生在整个过程中必须非常专注，并迅速提取必要的内容，从而使能力得到不断提高。

（2）根据单词辨音

英语听力能力的获得还需要依靠足够的词汇量来作为强有力的后盾。

词汇教学在听力教学中应该同样重要，因为他们理解听力材料中单词的能力来自学生所学单词的质量和数量。

（3）听和音的匹配

文本和图片这两种形式可以体现听和音的匹配。匹配包括前、中、后3个阶段，它使用在整个的过程中。其中，在活动前进行匹配的目的是为后续的听力训练打下良好基础。而在活动中的匹配则对形式有了一定的要求，这都为后面阶段的匹配做好了准备。

（4）行为反应

听力的实践过程实际上就是学生的反应过程，他们根据所接收到的不同信息然后经过识别后做出相应的反应,并使交流继续保持下去。所以在日常的上课过程中,就要采用行为的反应方式,对学生的听力进行训练,这是为了对学生的日常训练做好基础。

(5)根据声音观看影片

英语在中国是第二语言,所以没有稳定的语言环境来支持英语的实际使用,这对学生学习英语的兴趣有一定影响。学生对学习英语听力的兴趣直接影响到学习效果,因此,激励已经在学习英语听力的学生是非常重要的。观看以声音为基础的电影是提高学生听觉兴趣的一个重要途径。

在这个过程中,教师可以通过以下步骤根据学生的能力来组织教学:

①重复播放 1~3 次录音,让学生在听的同时一起重复练习。

②在听电影时,记下你不理解的单词,在看完电影后查字典,找到符合电影背景的合理解释。

③教师应在电影结束后,用英语回答问题、解释电影中的经典台词和重读等方法测试学生的知识。

④让学生分部分听标准录音(录音)。

(6)排列顺序练习

排序也是一种常见的英语听力教学方式,它可以在一定程度上提高学生的识别和理解能力。排序可以基于事件的顺序、故事发展的顺序等。学生们可以按照行动的顺序,甚至按照记录材料中信息的顺序进行分类。

2. 高级阶段教学方法

初级阶段是一个入门和打基础的阶段,其目的是让大学生对英语语音有一个初步认识,而到了高级阶段要求就会相应提升,目的也上升到了能力技能提升的高度。

(1)猜测词义

在听力教学的过程中,根据词义猜测的方式进行句子含义的理解是非常有作用的,因为对于学生来说,能够听清每一个字是很难的。

通常一段文章中并不是所有的信息都是有效和重要的,学生要做到的就是要能够识别和区分哪些信息是重要的,哪些信息是次要的,而哪些信息又是不重要的。一般重要的信息在文章中会反复出现,学生要注意识别。所以,即使有些信息没有听懂也没有太大关系，因为只要后面没有再次提起我们就可以将其划分到不重要的行列，然后忽略掉。面对一开始我们听不懂的信息可以根据上下文来进行猜测。如果下文有重要的信息，可以帮助理解上下文的意思，就不用着急读懂某个信息的意思。

（2）笔记记录

教师可以根据自己丰富的教学经验，教给学生一些做听力笔记的实用方法。不可能也没有必要把所有的东西都记住，所以教师应该教学生使用易于使用和理解的符号或缩写来写下与问题密切相关的信息，如数字和关键词，如时间、地点、数量、年龄、价格等，这其实也是一种速记方法。当然如果学生有自己的一套记忆方法也是可以的，同时也可以将这种方法分享给其他人。

（3）细节把握

英语的听力训练是特别考验学生对细节的整体把握的，因为有时答案可能就隐藏在问题中，需要学生足够细心才可以发现，而这也往往是学生很难注意到的。这些问题中的细节往往与 5 个 W（when，where，why，who，what）问题有关，认识到这些规律，就能在日常的练习中比较精确地理解听力的内容。

（4）抓住重点

许多听力能力差的学生往往在听力练习中把注意力平均分配到各个单词上，这就分散了对句子的整体关注。因此，必须关注听力任务的主要内容和问题的主题，选择相关的句子和关键词，避免不相关的内容。因此，英语教师在进行方法传授时要让学生树立抓重点的意识，并要经常针对这方面进行练习。

二、英语口语教学方法

（一）口语的心理机制

1. 以听为基础、听说结合

任何一种语言的学习都是先从听开始的，要以听为基础逐渐建立起听的能力，只有基础打得牢，英语的后续学习才能够更加顺利。为了打好基础，教师应该安排更多适合学生听力训练的教学，然后先听后说，积累到一定程度的话就要让学生主动地开口说话，训练学生的语感。所以，以听为基础、听说结合的方式才是可取之道。

2. 从想表达到表达清楚

语言学习到了一定阶段就会有使用该语言进行表达的冲动，英语学习也不例外。当产生了想要表达的想法之后，就会开始一系列的活动，如应该如何组织语言、想要表达什么样的内容、应该使用哪种句式等。最后将这些活动串联起来，就构成了语言的最初形式。

构思概念、组织语言、发出声音、自我监控是莱维勒（Levelt）认为语言的产生需要的四个环节。

通过上述介绍，我们可以将说看成是一个连贯而并不是独立的一个因素就可以完成的过程，而这个过程也会因为技能的学习不断地提高。

（二）英语口语教学的原则

1. 坚持互动性原则

练习口语本身就是一项非常枯燥的工作，长时间的枯燥练习很容易挫伤学生学习英语的兴趣和积极性。因此，口语教学应该是互动的，让学生们相互交流和沟通，这样才能保持他们的兴趣，逐步提高他们的口语能力。

教师可以使用各种教学方法来让学生进行更多的交流。特别是教师可以根据学习目标和内容，采用多种教学方法，如用英语创设对话和演唱歌曲，给学生更多的互动和练习机会。同时，教师可以充分利用学校的学习资源，如录音机、多媒体等，让学生看图片、影像，听原汁原味的英语，让他们熟悉地道的英语，从而有效培养他们的口语能力。总之，多样的教学方法可以激发学生的学习兴趣，促进学生之间的互动，显著提高教学效果。

2. 坚持鼓励性原则

在口语练习中，学生们很容易变得焦虑，害怕犯错而不敢说话。教师应遵循鼓励的原则，鼓励、表扬他们，建立他们说话的信心。

鼓励和激发学生说英语是口语教学的一个非常重要的原则，所以教师应该为学生创造更多有意义的情境。在这种情况下，学生对嘲笑的恐惧减少，因此有更好的机会练习口语。对于口语水平低的学生，教师可以考虑使用"支持性"方法，根据学生的情况调整教学策略。

3. 坚持循序渐进原则

与听力技能一样，口语技能的提高也不是一蹴而就的，必须逐步发展。因此，无论是练习口语的学生还是教口语的老师，都必须遵循循序渐进的原则。例如，在设定目标时，教师应将重点放在设置适当的困难程度上。目标过高会给学习者带来太大的心理压力，而目标过低则难以激励和吸引学习者，所以目标既不能太高也不能太低。

例如，大学生通常来自全国各地，他们中的许多人说的语言或多或少都有方言特色。在这种情况下，教师首先要认真分析学生的语音特点和发音困难，然后提出改善发音的建议和指导，使学生从易到难逐步改善发音、语调、句子和语篇。

（三）课堂口语活动的开展

1. 保持英语课堂的新鲜感

任何一种教学方式，如果长时间使用也会丧失新鲜感，会影响学生学习的兴趣。这个问题是教师在教学的过程中非常容易遇到的，也是不容易解决的难题。从教师的角度来说，能够激发起学生的学习兴趣，培养学生的学习习惯是非常重要的，想要达到这个目的就需要学生使用各种训练的方法，让学生不断地在课堂上活跃起来，最终达到提升课堂的整体效果。

2. 给出必要的关键词或常用句型

大学生们经过多年的学习是具备一定的学习能力的，也有一定的知识储备，但是由于我国对口语训练方面还有所欠缺，所以很多学生并不能用英语表意，这时候就需要教师提供相应的句型和词语引导学生。学生可以选择自己熟悉的词来满足组织语言的需要。想要提高学生的效率，就要提出一定的关键词，训练的同时使词汇量得到不断的积累。

（四）对教师提出的新的挑战

教师的教学要满足大学生对于口语训练的能力的要求，这就要求教师所用语言不仅要具有一定的科学性和逻辑性，还要具有一定的引导作用。此外，对教师所用语言的要求还包括吐字清晰、活泼生动、流畅舒适等。一位优秀的教师应该是一位集语言家、教育家、演说家和艺术家于一体的综合性人才，教师为了适应时代的发展，应该不断学习，提高自身的知识水平、口语表达和整体能力。

(五)英语口语教学方法

1. 文化导入法

文化导入的方法意味着将文化因素纳入学习过程。由于每种语言都处于不同的文化背景中,因此有必要了解一种语言在其文化背景中的具体含义。教师可以利用这一点进行口语教学,并通过将英语文化融入教学,练习和提高学生的英语表达能力。文化对比法和教师引导法是学习文化的两种有效方法。

(1)文化对比法

英文和中文之间有许多差异,了解这些差异将有助于学生更好地进行口头表达。具体来说,在口头教学时,教师可以先跟学生讲讲中西文化的差异,然后指出学生在交流中容易犯的错误,并说明这些错误的发生正是因为没有注意到中西文化的差异。通过反复地比较和接受,学生能够理解英汉之间、中西方文化之间的差异,并在今后的交流中更加注意这些差异。此外,通过了解文化差异,学生能够尊重不同文化的习俗和传统,并培养在语言和文化互动中建立适当关系的能力。简而言之,文化对比法是语言教学中行之有效的方法。

(2)教师引导法

教师在教学和与学生互动时,应始终意识到需要提供有效的指导。特别是当学生出现交流困难时,教师应及时给予鼓励指导,帮助学生克服困难,同时充分尊重学生的主体性,激发学生对语言学习和使用的思考。

2. 交际式教学方法

英语口语教学的目的是帮助学生发展和练习用英语表达自己的能力,培养正确的言语和交流。交际法在此基础上,通常涉及教师与学生和学生与教师的互动。在口语教学中,为了练习学生的口语发音,纠正口语交际的错误,通常可以采取课堂对话的形式,教师和学生在对话中互相讨论和交流,或者分担角色,在改善课堂气氛的同时,帮助学生练习口语,掌握更好的口语发音技巧。长期以来,言语教学一直以模仿为主,但实际上,语言学习更多的是重复和纠正错误。发音的准确性是衡量学生是否掌握了一定程度的口语流利程度的重要指标。交际教学的目的是帮助学生发现自己的语言缺陷,改善发音、语音和语调,以迅速提高他们的口语交际能力。

3. 创境教学法

口语教学只有在特定的背景下进行，才能真正有效，才能锻炼学生的口语能力，因为人类的交流总是在特定的时间和空间里进行的。因此，教师要重视语境在口语教学中的重要性，在口语教学中引入真实的语言情境，使学生在真实的环境中学习说话，其表达表现更加真实。一般来说，教师可以通过两种方式创造情境。

（1）角色扮演

角色扮演是学生练习口语的一种流行方式，由于学生往往精力充沛，对表演有天然的兴趣，教师在组织角色扮演时可以考虑到这些特点。教师可以要求学生分享和排练他们的角色，然后进行表演，以满足学生的发言欲望，同时锻炼组织和团队合作能力。表演结束后，教师不应立即对表演进行评价，而是让学生对表演和语言的使用提出一些建议，再进行总结和评论。

（2）后台声音

后台配音也是练习学生口语表达能力的一个好办法。教师可以选择一个电影片段进行配音练习，并让学生听一遍原版对话，在此期间，教师可以解释语言中一些比较复杂的内容。

教师在选择电影配音时应注意以下原则：

①语言的发音要清晰，语速要适当，以便学生能够模仿。有些影片很好，但人物说话速度太快，对英语水平要求很高，学生很难跟上配音的节奏，这很容易使他们泄气。

②影片中应包含丰富的语言信息。有些电影，特别是惊悚片，这类电影的语言信息通常较少，不适合进行配音活动。

③电影应该有英文字幕，最好同时有中文和英文字幕。如果没有字幕，教师可以要求学生事先背诵台词，如果学生熟悉电影情节，则可以不背诵。

④影片的内容应尽可能地贴近生活。由于大多数电影贴近人们的现实生活，语言也贴近生活，所以相对容易复述，更重要的是，学生可以学以致用，评估英语学习的实际应用。

（六）提高英语口语教学的路径

1. 增加口语课程课时

英语口语课程旨在帮助学生提高口语交流和语言运用能力，而提高水平往往需要一个渐进的过程。目前的情况是，大学选修课的学时减少，也严重限制了学习内容的发展。学生在选择语言课程时期望值很高，由于课时有限，讲师只能挤压内容，导致语言课程的学习效果不佳。同时，考虑到口语课程的高内容和学生的高期望值，把英语当作普通选修课不太可能产生最好的效果。因此，为了满足学生提高口语水平的需要，提高口语课程的质量，可以相应地增加口语课程的课时，同时考虑到英语教学的分层。

2. 加大培训力度

大学课程设置和教学任务的布置虽然相较基础教育时已经轻松一些，但由于大学的培养目标在于帮助学生培养良好的专业素质，这就对大学教师的知识结构和教学素质提出了新的要求。首先，大学的英语要不断学习相应的英语教学文化知识，能够紧跟时代的发展。完善自身知识结构，以适应新课程开设中的各项要求。其次，学校应成立专门的教研组，时刻关注国内外的教学研究动态，并加大对大学英语教师的培训力度，组织大学英语教师到先进单位进行学习、深造，甚至是到国外参与学术交流讨论，以不断拓宽教师的视野，提升教师的知识层次，确保大学英语口语的教学效果。

3. 落实教材建设

一本好的教科书可以帮助教师掌握课程，在课堂上顺利引入知识点，同时，一本好的教科书可以帮助学生更快地融入学习过程。目前，许多大学都开设了英语口语课程，但在教材的选择上还存在一些不足：一方面，市场上的口语教材数量有限，有些教材出版时间较长，不能适应当前的教学需要；另一方面，教师在选择上过于随意，所选教材没有针对学生的具体需要，内容覆盖不充分，难易不一，导致学习效果不佳。为了解决这个问题，大学应该鼓励英语教研组完成口语课程的教材编写工作，以制作适合学生水平的讲义、辅导书和课外阅读材料。

4. 狠抓学科建设

近年来，随着大学教育的扩大，越来越多的学生在高等教育阶段入学。随着学生数量的增加，课程数量也在增加，一方面增加了大学英语教师的教学负担，另一方面也增加了教师上课的难度。口语课程作为选修课当然不是教学过程中的重点。如何利用有限的教学资源，最大限度地提高演讲课的教学效果，是演讲教师面临的一个非常棘手的问题。一方面，教师要运用灵活的教学方法，利用现代化的教学手段，尽可能为学生创造真实的语言环境，帮助学生尽快培养起对口语的热情；另一方面，也要改进课程评价的方法，避免学生为了获得学分而选择口语课程是，我们应该改进课程评价的方法，把过程性评价和终结性评价结合起来作为一种评价方法，通过考试促进教学，对学生和教师的学习过程进行有效监控，以达到提高教学质量的目的。

第三节　英语阅读和写作教学方法

一、英语阅读教学方法

（一）英语阅读教学现状

1.教学方面

（1）培训材料不充分

教材是教学的基础，对教学效果有直接影响。然而，目前我国大学使用的教科书在整体设计上存在严重缺陷，其内部一致性也不尽如人意。

一般来说，我们大学的英语课本注重培养学生的阅读能力。尽管教科书的结构显然是基于循序渐进的原则，而且每个阶段的重点都很明确，符合该阶段学生的认知发展，但各阶段之间缺少必要的过渡，造成了教材学习的断层。

这种材料的不连贯性对教学和学习产生了负面影响，阻碍了最终结果的实现。值得注意的是，阅读教学是循序渐进的，学生在不同阶段会接触到不同的材料。然而，材料重叠的不连续性意味着学生阅读教学的整体进展并不顺利。学生们发现掌握阅读的基本过程已经很困难，更不用说相应地提高他们的阅读技能了。从材料的整体内容来看，文本的选择也缺乏主题结构，主题也不均衡，在广度和深度上需要进一步发展。此外，教科书的内容与学生的实际生活严重脱节，导致学生在一定程度上缺乏动力，学习效果不理想。

第五章 英语语言学的教学方法研究

（2）课程设置不够好

目前，在许多教育部门中，对英语阅读教学没有明确的认识，而是将其视为一门附加课程。此外，阅读课程没有平等对待精读和普通阅读。这种对精读的重视和对泛读的漠视，使教师和学生在心理上忽视了泛读的存在，其结果是通过泛读培养的阅读能力没有发挥应有的作用，这也与我国英语教学所倡导的健康发展目标相矛盾。

2. 教师方面

（1）教学方法单一

大学英语在推进改革的过程中也在不断强调要丰富教学方法，改进课堂教学形式，但是这也要经历一个相对较长的过渡期，不可能做到一蹴而就，所以现阶段的英语课堂上教学形式单一的问题依然存在。这种传统的教学方式依然以教师为主体，而学生的主导作用还体现不出来，从而也进一步影响了学生的积极性，导致他们的学习兴致不高，提升学习效率更是无从谈起。总之，传统的大学英语教学方式是要随着改革进程逐步被取代的，其存在一定的弊端，但这个过程的改变也需要一定的时间。

（2）过时的教学理念

中国是一个大国，不同地方的经济发展水平不同，所以中国的英语教学并不在一个统一的水平上。虽然一些发达地区的师资水平较高，信息技术较先进，教育模式也相对先进，但很多地区的师资水平并不匹配，导致信息较为闭塞，教师的教学理念也不符合教学标准要求。因此，这些地区的学生无法学习最先进的教学理念，也很难提高他们的整体英语水平。

3. 学生方面

（1）用母语思考的影响

语言风格的发展显然受到其所在的语言环境的影响，主要是文化和思维方式。我们知道，这两种语言的使用有很大的不同。例如，在英语句子中，可能只有一个谓语动词，即使这个谓语动词在形态上也是可变的，是整个句子的灵魂，然后通过一些连接词形成更深层次的意义。而中国的表达方式，通常由几个动词连接起来，按照时间顺序和事件的发展，形成一个流动的句子，形成一个系列。

此外，中文表达通常在句子的开头进行描述，但这些信息往往是次要的，而最重要的信息是在句子的结尾。另一方面，在英语句子中，情况正好相反。不了解中英文句子形式的这一根本区别的学生，在实际阅读中会出现阅读速度下降和阅读理解上的偏差。

从这个角度看，教师在进行英语阅读教学时，不仅要注重单向的语言迁移，还要注意训练学生的跨语言思维能力。

（2）不良的阅读习惯

阅读习惯是影响阅读质量的重要因素，学生的不良阅读习惯对阅读的质量和效果有负面影响。学生在英语方面的不良阅读习惯主要包括手指追踪、无法集中精力阅读、在轮流阅读时无法迅速集中注意力。

这些不良的阅读习惯阻碍了阅读速度，也影响了学生的理解力和思维的连贯性。因此，教师在进行阅读教学时应注重培养学生良好的阅读习惯，以帮助学生提高阅读的质量和效率。

（3）背景知识不足

教学活动应该围绕学生来进行展开，而不是以往的教师，这是现代教学的一个重要观点。因而，自身的问题也就成了阅读能力难以短时间内获得提升的制约因素。就目前来看，学生背景知识的欠缺依然是阻碍阅读的关键。

对所学语言的知识背景了解不充分也是造成阅读能力无法提升的一个重要方面。背景知识是一个非常广泛的概念，包含着基础的语境的经历、学生的经历还有语言本身。不可否认的是，那些拥有相对宽泛知识背景的学生在理解文章时确实要轻松一些，因为有些词语的意思是根据特定环境来说的，只有在一定的环境下它才表示该意思。而在交际过程中，有时也会因为不了解语言背后的真实含义，只根据字面意思理解就会产生很多误会。所以，对于大学生来说，在进行英语学习时要尽可能多地了解那些西方国家的人文底蕴，这样在进行阅读时理解起来就会相对轻松一些。

（二）英语阅读教学原则

1. 层层设问原则

在阅读课上，教师向学生提出各种问题，他们必须回答。提问有助于激发学生的学习兴趣，提高他们的阅读积极性，同时使他们能够集中精力听老师讲课。但是，提问不应盲目进行，需要有一定的原则和策略，即多阶段提问的原则。教师应遵循问题的层次性——从简单到较难，从浅显到深入，使学生在回答简单问题时获得信心，在回答较为复杂的问题时准备打开思路，积极思考，以挑战自我，获得成功。这样，在老师的指导下，学生可以逐步提高他们的阅读能力。

2. 循序渐进原则

在进行阅读教学时，教师应遵循循序渐进的原则，从阶段和目标开始，反馈阅读的影响，设置阅读任务，选择阅读方法和其他因素。

阅读的节奏应广泛调整，以达到适度的速度。特别是在英语阅读教学的初期，教师应注意学生对阅读材料的理解情况，以便适当放慢阅读速度。随着英语阅读教学的进展，学生在词汇扩展、语法掌握和语言理解方面取得了进步，教师就可以让学生提高阅读速度。

（三）英语阅读教学方法

1. 阅读理解模式

大脑里的一种认知心理活动包括阅读，有三种阅读理解模式能够很好地解释什么是阅读。

（1）自下而上的模式

高夫（Gough），伯奇（La Berge）和塞缪尔斯（Samuels）等是这一模式的主要代表人物。Gough 认为，阅读的过程是呈线性发展的。首先，这一过程的起点为眼睛注意到所要阅读的文字，然后通过眼睛的扫描将影像传输到大脑中，最后经过大脑的一系列工作后将其转换成我们需要的语音模式。当书面词汇被大脑识别以后，它就被存储在大脑中而形成最初的记忆。初级记忆可以看成是一个具有储蓄功能的空间，可以容纳相当数量的词汇，这一过程可以一直持续到大脑可以准确识别出这一单词的正确含义为止。

基于上述过程我们可以将解码的环节理解为阅读的过程。作者按照语法的规则使用文字和符号组成的程序就是文章。而阅读者就是将其再按照语法规则进行解码后再理解，从一个单词到短语、再到句子、到段落，直至最后完成对整篇文章的理解。在这一原则的指导下，理解一篇文章离不开对语法规则的掌握，也有助于字母的辨别。

（2）自上而下的模式

代表人物有史密斯（Smith）和古德曼（Goodman）等支持自上而下的模式。

Smith 认为，大胆推测是进行阅读理解的核心，即根据现有的理解去推断不理解的内容的含义。读者在选择使用这一理论时有时需要临时做出快速决断，然后再根据后面的理解去验证这一决断的正确与否，如果显示是错误的就需要再及时进行改正。

基于这一模式，读者就不需要将文本中提供的提示全部使用了，只需要根据一些具有提示性的信息来大胆推测即可。目前，高校进行的阅读也是一种选择能力的体现，并不是精确感知所有语言成分。

2. 合作阅读教学

合作阅读教学的方式是基于组内合作的形式建立起来的，这种方式就是要让学生懂得互助，然后通过讨论交流彼此的观点和看法，这样就会加深对文章内容的理解。

这种方式对大部分学校的课堂活动来说都是适用的，尤其是那些学生水平相差较大的班级，合作阅读的教学效果最为明显。同学们通过互助和合作使得词汇量和合作意识都得到不同程度的提升。

具体来说，合作阅读法的过程可以概括为以下四个阶段：

（1）预读

只有当学生熟悉了课文后，教师才能顺利地进行教学。为了避免学生在预习时过于盲目，教师可以事先问他们几个问题，然后在课堂上检查。

①阅读课文，找出并尝试理解你认为重要和难懂的单词和表达方式、成语用法等，试着回答练习结束时的问题。

②根据内容对全文进行划分，然后对所划分的每个段落的大意进行总结。

预读将学生从被动中解放出来，这样他们就能对课堂上的情况有所了解。

（2）详细阅读

换句话说，细读也可以理解为精读。这意味着阅读整个文本并回答与文本有关的 5 个 W（谁、哪里、什么时候、什么、为什么），这些问题通常可以直接从文本中回答。这些问题通常相当多，只能在理解要点的基础上提出，以促进学生的实践能力，实现学习目标。

（3）粗略了解

掌握这个阅读理解过程的一个关键因素是判断答案是对是错。对阅读理解的测试加强了对文本中叙事元素顺序的短期记忆，并在原来学过的旧词基础上获得新的词汇。

（4）实施协作学习方法的策略

合作学习可以分为两种主要类型：师生合作和生生合作。然而，无论选择哪种方法，实施基本上都是基于合作。因此，使用某些策略和方法来最大限度地发挥合作在学习过程中的作用是很重要的。

①分组策略

对学生进行分组不是一项简单的任务，需要考虑到许多因素。通过这种方式，各小组感到合理和公平，所有小组成员都有平等的竞争机会。

②提问策略

教师在推广合作学习模式时的任务是，在最短的时间内将语言和交际信息以这样或那样的方式呈现给学习者，然后在关键时刻提出问题以吸引他们的注意力和积极性。同样重要的是，问题的质量和深度要好，要能吸引学习者的兴趣。如果问题过于简单，就无法吸引学生的注意力。

③减少战略

在合作学习中，学生应该始终发挥主导作用，但教师应该发挥支持和指导的作用。此外，教师在这一学习过程中具有监督作用，这意味着教师必须实时监控小组成员的学习状态，并指导每个成员完成学习任务。教师还应该采用多种方式，鼓励学生敢于合作交流，分享信息，培养小组成员的团队合作精神和适当的竞争意识，从而引导学生发展自学能力。

④评估策略

合作学习并不总是意味着合作关系，在某些条件下，也存在着相应的竞争关系。事实上，竞争和合作关系是互补的，在某些情况下甚至可以相互转化，即合作可以加强竞争。这种关系的发展可以培养学生对学习的兴趣，而评估策略又能促进这种兴趣。因此，在英语教学过程中，教师应监督小组中每个成员的个人表现或小组整体的表现，仔细观察学生表现的积极方面，然后在最后的评估过程中鼓励和支持学生。通过这种方式，鼓励学生的进步之处，并使其在今后的学习中更加专心致志。然而，如果情况恰恰相反，教师甚至在评估阶段就忽视了学生的进步，那么学生的弱点就被强化了，随着时间的推移，学生的学习兴趣被他们所处的消极和压抑的环境严重削弱了。从这个意义上说，学生的动机和积极的评估策略之间联系密切。

二、英语写作教学方法

(一) 英语写作的心理活动

一般来说，心理的因素能够对英语的写作产生很大的影响，除了这个因素之外，还受到各种方面的影响，英语写作的能力通常被四个因素所影响着。

1. 从看到做

让我们从最简单的效果开始，也就是从视觉到动感的演变。视觉运动可以被认为是英语写作教学的最简单形式。简单地说，学生对书面文本的第一印象是在视觉上形成的，他们首先通过眼睛看文本样本，然后通过神经系统传到大脑，大脑接收到信号，在大脑中形成文本的初始形象。学生大脑中的视觉形象越清晰，越有助于模仿后续的写作。考虑到这些因素，写作过程可以被看作是一个从观察—复制—自主到更高水平的技能的连续进展。虽然写作最终采取了手写的形式，但不可否认的是，它是从视觉上开始的。

同样，我们对写作过程提出了更高的要求，即正确、快速、清晰和有美感。这样一来，教师的示范作用就更加明显了，教师应该从一开始就向学生展示黑板上漂亮的书写范例，因为学生的模仿能力很强，喜欢模仿，所以教师的榜样力量非常强大。除此之外，教师还应该在一定程度上鼓励学生共同使用他们的不同感官，以便从多方面促进良好的写作技巧。

2. 书写

这一概念看似陌生，简单来说就是要求学生在写作时要保持手部书写的连贯性，并且可以持续下去。书写的过程可以看作是一个高度模块化的过程，因为学生的写作过程要保持一定的连续性。如果学生的写作技巧不断得到提升，由词汇到短语和句子的质变是书写也要实现的功能。这个质变的过程是学生对于书写能力的综合能力测试，也能够提高学生的写作速度。

作为教师，如果你想让学生尽快学会这种方法的基本写作技巧，就需要在课堂上和课下的时间不断敦促学生，用多种方式引导学生进行不同的活动，实现人脑和双手的有效结合，使他们的写作能力得到有效提高。

3. 联想构思

这种写作技巧是写作心理学的基础，主要是因为它涉及各种关系，包括方框、时间、空间、因果和层次之间的关系。从语言学的角度来看，语言是作为一种思维工具来使用的，所以学习英语的过程可以被看作是一种思维工具的交际性使用。把英语作为一种交际工具来学习，最重要的一点是培养对英语的联想，即看到某个特定的单词时，能够区分和想象，包括同义词、反义词和同音字。

可以得出结论，如果学习者的联想思维能力能够在英语写作过程中得到很好的运用，那么在写作过程中的实际应用将逐渐提高对段落间关系的理解。因此，教师要教学生提高联想能力，这样才能提高他们的写作和思维能力，然后巩固他们的知识。

4. 表达

这种表达能力包括联想思维和思维整合、层次想象、系统回忆和言语连贯等，大大提高了学生的写作效率，使写作过程更加理性和科学。在写作过程中，表达能力的发展有助于提高总体能力水平，但这一水平因学生而异。

（二）英语写作教学原则

1. 坚持以学生为主体原则

任何技能的教学都应以学习者为中心，写作教学当然也不例外。教师必须首先尊重学习者的主体性，并始终将学习者置于写作教学的中心。然而，要真正做到以学生为中心并不容易。教师首先要有效地激发学生的写作兴趣，形成写作的内在动力，这样才能真正体现学生的主体性。有许多方法可以激发学生的兴趣，使他们的学习成为中心，包括小组讨论，这是一种有效的方法，通过提问、修改、反馈和参与等活动来提高学生的主动性。

2. 坚持重视写前准备原则

有学者认为，在写作之前，有必要进行研究，收集信息，收集材料，制定论点和分析问题。收集写作材料既是写作的必要准备活动，也是发展写作技能的重要工具。为了鼓励学生积累更多的写作素材，使他们能够更好地发展自己的写作能力，教师应鼓励学生在阅读过的范文基础上背诵成套的单词、句子和段落。背诵有助于克服英语写作中的负迁移，并能产生真实的英语表达。地道的英语是通过各种固定而优美的句型和英语的习惯性表达方式来表达的。学生之间的讨论在写作过程中也非常重要。在讨论中，学生们获得了自己的写作素材。集思广益、讨论主题和写作前的活动，如头脑风暴，不仅能减轻学生的写作负担，还能发展元认知写作策略。

3. 坚持交际性原则

虽然写作不像口语和听力那样具有交际性，但学习写作的最终目的也是交际，所以在英语写作教学中应尊重交际性原则。交际性原则指出，英语写作课应满足学生的直接需要，以提高他们的实际交流能力。写作活动应该给学生提供交流的机会，使写作成为他们的交流和乐趣。写作前和复习中应尽可能利用小组和同伴活动来增加学生之间的互动。例如，通过小组讨论和其他互动活动来提供丰富的材料，以补充课文内容，锻炼学生的思维能力。

（三）英语写作教学存在的问题

在英语和中文的学习中，写作一直都是学生在学习阶段面临的一个重要难题，而且几乎是让师生都"闻之丧胆"的。有研究显示，目前我国大学英语写作教学过程中所遇到的问题可以概括为以下五个方面：

1. 课程设置方面

大学在进行英语教学时所设置的总课时是提前就规定好的，课程也是按照课时安排的，所以在此基础上若想每周都安排写作训练，实际操作起来存在一定的难度。可以做到的就是在尽可能短的时间内在英语课程中安排好写作的课程，能够确定下来写作训练需要的课程时间。做出适当调整，这样就会引起师生对于写作训练的重视，对于学生写作技能的提高大有好处。

2. 教材方面

从目前市面上流通的教材来看，专门针对非英语专业学生所编写的参考用书相对还是缺乏的，所以教材的选择空间就窄了。尽管一些成熟的参考资料可以弥补这一缺陷，但是这依然不能满足学生日益增长的需求。

3. 教师方面

在英语写作教学过程中，从教师的角度来说所面临的问题主要有以下两个方面：一方面，教师自身就没有把写作放在教学中的重要位置上，主要倾向于应试考试，旨在提高学生的应试能力；另一方面，虽然我国的许多高校都在进行英语的教学改革，准备工作正在十分有序地进行中，但是传统教学方法也并非一朝一夕就可以转变过来，其结果依然是以教师为主的课堂活动，最终会影响到学生的学习能力，学生能够接收到的或者感兴趣的内容是非常少的，这和教师长篇大论的效果是截然相反的。

4. 学生方面

除了教师的影响外，限制英语写作水平提升的一个重要因素也有学生自身的问题。部分学生依然依靠教师的讲解去解决问题，而不是自己主动去将问题化解，他们受传统教学模式的影响是根深蒂固的，对于自主学习能力的发展有很大的影响。再就是中西方文化间的差异还是比较明显的，这也成了制约学生写作能力提升的重要因素。

5. 教学方面

受到大学英语教学改革的影响，传统的教学方法已经跟不上学生需求的步伐，这使得一部分学生在实际的学习中无法运用所学，因此也写不出内容充实的文章。这样下去，学生的写作兴趣也会受到一定的影响，而且难以提升写作的能力。

（四）英语写作教学方法

1. 过程教学法

20世纪60年代出现了写作过程教学法，第一语言的教学使用的就是这个教学方法，经过不断地探索、实践和推广，一度成为当时最有影响力的教学方法。20世纪80年代后，有学者将其运用于第二语言教学，主要运用于写作教学。过程教学法最明显的特征就是注重思维训练和作者的能动性，它强调思维的重要性和作者的主体意识。除此之外，这个方法看重的是学习者之间的交流和合作，注重人际交流的能力，看重写作的流程。

2. 结果教学法

早期的英语写作教学理论主要是基于古典修辞学的研究。直到20世纪60年代，英语写作教学的重点是对文学文本的理解和分析，目的是确保学生学会不同文学体裁的特点和技巧，以便他们能够模仿自己的作品，这种方法被称为基于产品的方法。具体来说，以产品为基础的方法是指从句子开始，到各章节，重点是句子结构和语法练习。它是一种基于句子的写作方法，良好的句子结构是良好写作的基础。

接近总体结果的过程可分为以下四个阶段：

第一，教师解释一个具体的修辞技巧。

第二，学生们阅读一篇作品。

第三，小组共同分析和讨论工作。

第四，教师根据上面解释的修辞手法和阅读的作品给学生布置写作任务。

在这个过程中，教师有时会给学生一个写作任务的大纲或一个样本文本，最后教师还会对学生的作品进行评论。结果法也用于英语写作教学，重点是完成的写作作品，强调作文的准确性、结构和质量。

3. 延续性教学法

这种连贯的写作教学方法被分解成三个阶段，每个阶段在写作过程中发挥不同的作用。需要注意的是，使用这种方法进行实用写作教学的教师必须意识到，并不是所有的事情都可以通过这种方法完美实现。这主要是由于学生学习和完成相对简单的任务的时间有限，没有足够的时间和精力来关注这些细节。此外，大多数学生不善于反思，因此将写作视为一项写作任务，而不是一个再创造的过程，所以他们认为没有必要花太多精力去完成它。

4. 平行写作教学法

平行写作可以理解为教师事先给出一个明确的范文，在学生开始写作之前就决定了文章的方向。学生可以把范文作为灵感来源，确定自己的写作方向和内容，然后根据自己的理解进行写作。这不仅提高了学生的写作速度，而且还能防止他们穷于应付这个话题。

5. 网络辅助写作教学法

计算机网络的快速发展和多媒体软件在教学中的广泛使用，促成了21世纪以来在写作过程中遇到的一些棘手问题。这是由于互联网比以前的任何教学方法都更自由，更不受时间和空间的限制。通过互联网，学生甚至可以与西方国家以英语为母语的人直接接触，使英语更加地道和真实。他们甚至可以尽可能多地了解西方文化和做法，激发学生的学习兴趣，促进学生的自主学习。

利用网络进行英语写作是学生自主学习能力的体现，主要是从学生的角度出发，然后在教师的指导和监督下进行。通过在线合作，教师交给学生一个研究的主题，然后学生可以利用互联网收集、组织和编纂在线材料，最后将这些材料用于自己的写作。这个过程更体现了学生的独立学习，而教师的作用相对较弱，只是支持、监督和指导。

参考文献

[1] 郭文琦.英语语言学视域下语境的融入及其应用[J].文学教育(上),2018,(08):180.

[2] 黄国文.生态语言学的兴起与发展[J].中国外语,2016,13(01):1,9-12.

[3] 施春宏.构式压制现象分析的语言学价值[J].当代修辞学,2015,(02):12-28.

[4] 段保晶.浅析英语语言学发展的因素与历史之路[J].山东商业职业技术学院学报,2014,14(06):91-93.

[5] 曹凤静.论英语语言学研究的多维视角[J].山东青年政治学院学报,2014,30(02):135-139.

[6] 曹凤静.英语语言学跨学科研究及前景展望[J].海外英语,2014,(04):220-222.

[7] 唐丽萍.语料库语言学在批评话语分析中的作为空间[J].外国语(上海外国语大学学报),2011,34(04):43-49.

[8] 王德春.语言学新视角[M].上海:上海外语教育出版社,2011.

[9] M.A.K.韩礼德,姜望琪,付毓玲.篇章、语篇、信息——系统功能语言学视角[J].北京大学学报(哲学社会科学版),2011,48(01):137-146.

[10] 桂诗春,冯志伟,杨惠中,等.语料库语言学与中国外语教学[J].现代外语,2010,33(04):419-426.

[11] 李佳,蔡金亭.认知语言学角度的英语空间介词习得研究[J].现代外语,2008,(02):185-193,220.

[12] 金立鑫.语言类型学——当代语言学中的一门显学[J].外国语(上海外国语大学学报),2006,(05):33-41.

[13] 许力生.语言学研究的语境理论构建[J].浙江大学学报(人文社会科学版),

2006,（04）：158-165.

[14] 杨翠. 语言学中的预设分析 [D]. 上海：上海师范大学，2006.

[15] 王颖. 输出假设的心理语言学基础 [J]. 外语教学，2005,（04）：18-22.

[16] 范俊军. 生态语言学研究述评 [J]. 外语教学与研究，2005,（02）：110-115.

[17] 刘国辉，陆建茹. 国外主流语言学派对名词化的研究 [J]. 外语与外语教学，2004,（09）：17-22.

[18] 吴世雄，陈维振. 范畴理论的发展及其对认知语言学的贡献 [J]. 外国语（上海外国语大学学报），2004,（04）：34-40.

[19] 林大津，谢朝群. 互动语言学的发展历程及其前景 [J]. 现代外语，2003,（04）：410-418.

[20] 周霜艳. 从社会语言学视角论网络语言 [D]. 武汉：武汉理工大学，2003.

[21] 陈勇. 语言学研究中的标记理论 [J]. 外语研究，2002,（06）：28-32.

[22] 王寅. 认知语言学的哲学基础：体验哲学 [J]. 外语教学与研究，2002,（02）：82-89, 160.

[23] 于根元. 应用语言学的基本理论 [J]. 语言文字应用，2002,（01）：12-17.

[24] 王振华. 评价系统及其运作——系统功能语言学的新发展 [J]. 外国语（上海外国语大学学报），2001,（06）：13-20.

[25] 蓝纯. 认知语言学：背景与现状 [J]. 外语研究，2001,（03）：14-20.

[26] 文旭. 认知语言学：诠释与思考 [J]. 外国语（上海外国语大学学报），2001,（02）：29-36.

[27] 吴世雄，陈维振. 中国模糊语言学：回顾与前瞻 [J]. 外语教学与研究，2001,（01）：7-14, 79.

[28] 辛斌. 批评语言学与英语新闻语篇的批评性分析 [J]. 外语教学，2000,（04）：44-48.

[29] 严实. 英语语言学的研究与发展 [J]. 新疆石油教育学院学报，2000,（02）：30-33, 23.

[30] 章宜华，黄建华. 语言学理论对词典释义的影响 [J]. 现代外语，2000,（01）：67-76.